同治嵊縣志

3

紹興大典

史部

中華書局

嵊縣志卷十一

選舉志

剡川故棲隱鄉也自安道卜居堅辭徵辟思曠元度箕潁重輝外此亦未有彈冠者豈皆無宦情歟典午既沒稍稍有聞唐宋已來益盛矣夫選舉之制遞變而皆足以得人嵊人通籍者無慮數百或緣推轂或由射策或用翹關中選或以貲算得官雖登進殊階而忠廉並著不可謂非邑乘之光也然則紱泥襲錦寵錫先人戴縱垂纓褒榮後似豈不宜哉志選舉第七

薦辟

宋

文獻通考宋制丹陽吳會稽吳興四郡歲舉四人餘郡各一人

阮萬齡侍中見鄉賢傳

齊

玉海齊策秀才格五問並得爲上四三爲中二爲下一不合與第

朱士明舉秀才見鄉賢傳

黃僧成居三十三都景明中官安南將軍

按齊無景明年號惟北魏宣武初建景明茲姑仍舊志

梁

王衡字孟平羲之之後居孝嘉鄉黃門侍郎義興太守

六典注梁武帝欲求後進五館生皆引寒門俊才即今之進士也

張　嵊見忠節傳

隋

隋書開皇二年詔舉賢良十八年詔以志行修謹清平幹濟二科舉人下海大業三年詔十科舉人始置進士科

張茂先嵊之後官洗馬

唐

唐書選舉志唐制取士之科多因隋舊其目有秀才明經俊士進士明法明算等科此歲舉之常選也其天子自詔曰制舉所以待非常之才焉

許　丑詢之後官秘書郎

張欽若嵊之後貞觀中官鳳翔府尹

張復之嵊之裔官尚書郎以上年分失攷

宋

宋史選舉志制舉無常科所以待天下之才傑太祖始置賢良方正直言極諫等科景德四年增置博通墳典達於教化等科仁宗初又置書判拔萃茂才異等諸科

開寶

童蒙居裏坂里初授景陵令

熙寧

周忠和字思溫居開元鄉通文學兵略熙寧丁巳薦授度支使紹興乙亥贈三司大將軍

大觀

王宏基字立本居孝嘉鄉舉明經授亳州教授宣和間官國子直講祕書省正字

姚　宏舜明子見鄉賢傳

周　宗字從海居開元鄉薦授翰林院中書歷大理寺評事贈亞卿

黃　日字奇二穀來人授總幹補纂

紹興

呂祖璟見鄉賢傳

求多問字守謙居禮義鄉高宗時收伏魔寇薦補承信郎監常熟商稅事

錢宇之字光疇本臨安人靖康之亂侍父奎徙嵊剡源鄉應賢良方正直言極諫科授國子助教

隆興

張　俁見鄉賢傳

□熙

周德修以父勳授官慶元擢
國子監助教補纂

嘉泰

周 峻字景威宗之孫博涉經史薦授兩淮浙東
總幹有政聲贈嘉議大夫舊志作俊誤

嘉定

錢揚祖字之之孫瑫田人舉博學鴻
詞科授廬陵令陞吉安守

邢 宜居太平鄉舉博學鴻
詞科仕婺州通判

紹定

張 愁俁之子見 商日新見鄉
忠節傳 賢傳

史 昱字廉夫薦任兩淮幹辦公事兼提刑
獄以伸理寃獄有聲陞大理評事

胡 岳字伯仁居花塍理宗時薦授
台州路教授陞定海知縣

端平

錢揚祖字振芳植之子長樂人天台籍端平中擢儒科朝廷以吳越王裔孫特賜文華殿第一未授官以疾卒於旅邸　許志云由鄉薦魁南宮按與宇之之孫同名異派舊志併作一人誤今據墓誌銘及錢氏譜分纂

景定

錢弼字文佐宇之曾孫詔崇經術考德行累官嘉興軍節度使僉判

周寬居開元鄉應右科累官廣南節度使僉判補纂

咸□

王昌允字文子居孝嘉鄉薦授河陽尉轉保甯軍節度推官宣城知縣

張子龔嵊之後由漕貢進士官至秉義郎差監右騏驥院

王伯昌字公盛居孝嘉鄉累官沿海制置司參議考周志云以上三人不知其歲次姑附於此

王氏譜伯昌居忠節鄉至元十四年進士初授嚴州軍事判官改御史臺檢校遷沿海參議

單庚金見鄉賢傳

高夢得字艮輔太學生官福建閩清縣知縣始居渡南補纂

周天祥字麟之行成一薦授臨安縣教諭至元十一年棄職歸剡爲剡人補纂

元

續文獻通考皇慶二年詔天下州郡縣察舉孝廉賢良方正又詔經明行修儒術醞謹等結狀保舉

至元

錢滸字興祖宋僉判弼之子應求賢詔授諸暨教諭改江山學

胡宗道居東陽見鄉賢傳

高禮夢得子由甲午鄉貢官新昌教諭補

纂

元貞

高　祐夢得子字靜菴由甲申鄉貢官開化教諭補纂

至大三年

夏　推字勉誠聰頴博學薦授江西龍興路稅課司提舉時權刑太急引疾歸

至大四年

周承祖字紹立宋教諭天祥子薦授儒學提舉

後至元

甯　崇字志高薦授漳州路提舉　　王君盛薦授江西路提舉

至正

喻子開以人才薦授四川副使

宋鐵字秉心，居集賢坊，宋令宗年之後，以善詩文薦授蕭縣訓導

王斗機字吉甫，居孝嘉鄉，薦授汀州路教諭

舒奎字文昌，居西鄉，以博學能詩薦授諸暨訓導

王碩字景蕃，居孝嘉鄉，薦授蕭山教諭

王宗孫居孝嘉鄉，以儒術薦任贛州大使，時翰林學士趙孟頫書六偈以贈。府志作授翰林學士，誤

錢晃字一中，滸之孫，元季舉孝廉，授本府經歷，洪武初官博興知州

錢益字東之，延祐中以薦授東陽學正，補纂

明

（續文獻通考）洪武初，詔各府州縣薦舉賢良方正及山林隱逸之士。六年，詔罷科舉，專用薦辟，有經

明行修懷才抱德等目永樂至隆慶間皆令所在有司保舉選用

洪武三年

張思齊以孝廉薦授陜西參政　張翰英舉懷才抱德科授知縣

龔文致字志端舉懷才抱德科授河南按察司經歷

洪武四年

趙友誠兵部主事改合肥丞府志作友諒　王美舉孝廉科授襄陽同知

喻顯中舉人材科授榆次典史　王璘見隱逸傳

單復亨見儒林傳府志作復享誤

洪武五年

周佳字元美舉人材科授福州同知

洪武十三年

竺濟 字汝舟居清化鄉舉賢良方正科授福州知府按濟原名元鼎字汝舟舊志載字佚名

洪武十五年

王文鉉 字鼎仁舉賢良方正科授侯官縣丞通志作知縣

洪武十六年

王佐 字子彥舉賢良方正科授合浦知縣

洪武十七年

應均立 宋邑令彬之後舉賢良方正科授廣東鹽課提舉

錢莊 字則敬舉懷材抱德科任本縣訓導 韓信問 字用敬俊之弟薦授雲南經歷

洪武十八年

宋思義舉人材科授洪洞知縣　盧允中舉人材科授西甯衛知事死寇難

洪武十九年

竺　班名得義舉孝廉科任潍安知府　竺氏譜名珏

洪武二十三年

張元操字原輝舉賢良方正科授登州同知　舊志書字佚名

洪武二十四年

喻克銘由耆老薦授涇縣知縣

洪武二十五年

單季元復亨子弟舉明經科授處州通判　卜宏德居西隅舉賢良方正科授山西監察御史　屠　任見鄉賢傳

洪武二十六年

邢汝節舉人材科授永州同知　乾隆李志作廣州

洪武二十七年

應彥昌舉明經科授嘉興教授

洪武二十八年

劉大序舉賢良方正科授荆州同知

洪武二十九年

尹克成舉經明行修科任國子監學錄

許得吉舉懷材抱德科授僉事

洪武三十一年

單斯泰舉懷材抱德科任海康知縣

洪武三十二年

沈信年居西隅舉經明行修科任廣西布政司左參議

史進賢舉懷材抱德科任萬甯縣丞　　王　淲字施道薦授宣城縣丞通志作舉

賢良方正科著有宣城稿　　黄彦通居穀來莊舉人材科授新會縣巡檢

給事俞驪復以節操舉爲嘉興知縣按以上三人俱嵊人李府志俱作新昌人誤通志以史進賢王淲爲嵊人而軼黄彦通

永樂元年

高時澤舉經明行修科入國子監母老乞歸

永樂三年

張　遯字宜中舉經明行修科任谷府紀善遷長史工篆隸

永樂六年

袁均正由人材薦授萍鄉知縣

永樂十五年

王胥道以楷書薦舊府志入歲貢

宣德四年

李克溫居靈芝鄉以讀書知律薦授棠隸驛丞

正統二年

王蘭字元芳居忠節鄉以經明行修薦任本縣訓導

正統四年

張士服居清化鄉讀書好古諳琴畫舉賢良方正科授錦山驛丞

正統六年

韓　啟　字景明俊之子以經明行修薦授秀水訓導遷德府長史

景泰元年

韓　昇　字景魁啟之弟舉賢良方正科任蒼梧知縣

景泰八年

王　鼎　蘭之弟舉賢良方正科授臨清縣丞

天順二年

史　昶　字國通居清化鄉舉賢良方正科授候官縣丞　舊府志作知縣

天順七年

任　疇　居二十二都就職巡檢不仕子和授知事據周志補

單汝信薦授教諭乾隆李志入歲貢而舊府志亦渾稱洪武時舉懷材抱德科今據周志改正

成化十九年

任程居二十二都納銀就職入品銜據周志補

國朝

康熙十八年及乾隆元年兩開博學鴻詞科雍正間詔舉賢良方正及品行才猷可備任使者嘉慶元年道光元年並詔舉孝廉方正及山林隱逸之士

乾隆二十二年

陳文組錫乾次子南巡召試一等授內閣中書改名華組

進士

宋

宋史選舉志宋之科目有諸科而進士得人爲盛

天聖五年丁卯王堯臣榜

史綸居四十三都官屯田員外郎

景祐元年甲戌張唐卿榜

史叔軻綸之子累官刑部侍郎

慶歷二年壬午楊寘榜

茹約

皇祐五年癸巳鄭獬榜

姚甫　茹開

嘉祐四年己亥劉煇榜

姚　勔見鄉賢傳

熙甯九年丙辰徐鐸榜乾隆李志作壬戌誤道光李志據通志改正

史安民綸之從子官中大夫

元祐三年戊辰李常甯榜

吳　孜居三界見義行傳府志作蕭山人

元祐六年辛未馬涓榜按□祐志乾隆李志俱作馬涓榜道光李志據通志府志改正

黄　特頤之子宣城令政和八年由朝散大夫知婺州軍事

紹聖元年甲戌畢漸榜

求移忠字許國歷官吏部尚書轉朝議大夫

紹聖四年丁丑何昌言榜

姚舜明見鄉賢傳

崇甯二年癸未霍端友榜

求元忠移忠弟由仁和縣主簿轉知義烏後知衢州改知臨安府贈通奉大夫

姚棐忱字天迪永康知縣

大觀三年己丑賈安宅榜

過　卓昱之子知縣

重和元年戊戌王昂榜府志乾隆李志作政和戊戌嘉王榜道光李志據通志改正

姚景梁

宣和三年辛丑何煥榜舊志作二年誤

黃　時一名唐傑符之弟官信州通判

宣和六年甲辰沈晦榜

趙子潚官龍圖學士知泉州據通志府志補見鄉賢傳

紹興十二年壬戌陳誠之榜舊志作十三年誤

馮佐字廷輔累官文華殿學士　張攄府志歸姓馮

紹興十五年乙丑劉章榜

茹紹庭　黃昇

紹興十八年戊辰王佐榜

周汝士官左奉議郎見鄉賢傳　茹驤居集賢里

紹興二十七年丁丑王十朋榜

周汝能鄞縣主簿主睦宗院　姚笱

紹興三十年庚辰梁克家榜舊志作三十二年誤

姚廷袞

隆興元年癸未木待問榜

趙師仁

乾道五年己丑鄭僑榜

王叔璵居忠節鄉由朝散大夫知衢州事　周志作王璵在乾道間不知其年通志府志作乾道八年乾隆李志據王氏譜訂正今按王氏譜叔璵居孝嘉鄉

乾道八年壬辰黃定榜

高宗商改名商老

任惟賓通志府志俱作惟寅　乾隆李志按舊志作乾道五年進士今從佛掄題名張元忭府志改正

姚憲舜明子是年八月賜同進士出身見鄉賢傳

□熙二年乙未詹騤榜

周之綱攸士從子任婺州教授　桂森

唐琦

□熙十一年甲辰衛涇榜

白公綽字仕優丹陽縣丞周志作公焯　姚一謙

□熙十四年丁未王容榜

石宗萬官兵部尚書　周之瑞之綱弟官荊門軍學教授

應爕縣令彬之子官翰林承旨　郭綽見儒林傳

□熙四年癸丑陳亮榜

宋叔壽

慶元元年乙卯鄒應龍榜 乾隆李志作二年丙辰道光李志據通志改正

石宗魏 宗萬弟府志建昌教授

慶元五年己未曾從龍榜

王復明 居小柏里官中書科中書舍人　　茹騤 官安福縣丞

石孝溥 周志按宗魏宗萬孝溥攷他志爲新昌人舊志載剡姑從之

開禧元年乙丑毛自知榜

盧補之　　申宋說

任必萬 官參議　　過文煥 揚州通判

田賡 以上五人通志府志俱作上虞人舊志載剡姑存之

嘉定元年戊辰鄭自誠榜

周之章之瑞弟

嘉定四年辛未趙建大榜舊志作建夫

邢彧　　樂熙辰

錢難老

嘉定十年丁丑吳潛榜

姚鏞見儒林傳　　周宣子之綱弟

錢繼祖字承志，植之子。天台籍。嘉定十年特賜同進士出身

嘉定十三年庚辰劉渭榜

過必宋

嘉定十六年癸未蔣重珍榜乾隆李志作俞珍道光李志據通志府志改正

周溶 孫宣子之子

紹定二年己丑黃樸榜乾隆李志作王朴道光李志據通志府志改正

任貴 必萬子知縣

呂諒 祖璟子歷官制置司參議

張嶅卿 俁之孫累官承議郎沿海制置司參議乾隆李志作俁之子道光李志據張氏譜改

張飛卿 嶅卿弟通直郎

勞崇之

紹定五年壬辰徐元杰榜

王鵬舉 居小柏卿歷官淮東制置司幹辦公事通志府志作明舉

趙汝崖 通志府志作汝厓

過夢符 參軍

王景壽

嘉熙二年戊戌周坦榜舊志作元年誤

過正己文煥弟官參軍　尹鳳梧官大理寺評事

喻雷發字聲伯觀察使朝請大夫主建昌軍仙都觀

□祐四年甲辰留夢炎榜

宋元光通志作光元　楊光之題名碑作光子

陳肖孫戸部郎中　李士特

□祐十年庚戌方逢辰榜

喻又新字德學官紹興撫參　董元發通志作童元發

錢文姚先名述祖字舜芳楊祖弟天台籍第進上任慶元府慈溪縣丞補纂

寶祐元年癸丑姚勉榜

毛　振　　應　瑜

錢　愜據通志府志補

開慶元年己未周震炎榜

陳　碩字台輔先世東平人南渡時徙嵊以儒傳家授春秋於石宗魏官臨安府判忤賈似道罷

劉瑞龍

景定三年壬戌方山京榜

許　梟見鄉賢傳　　張　霆

咸口元年乙丑阮登炳榜

趙　炎見鄉賢傳　　趙汝嶸

俞　相或名德　　高子埜

咸口四年戊辰陳文龍榜

朱士龍　　朱得之士龍姪

商夢龍見宦蹟傳

咸口七年辛未張鎮孫榜乾隆李志作張鎮今據通志府志改正

吳觀道居德政鄉累官崇文殿學士

尹仲亨居東隅官員外郎　　尹仲甯官通判

相起巖德祐元年補訓武郎後仕元爲福州知府以上三人皆宋進士科分未詳

元

元史選舉志至元十一年議行科舉分蒙古進士科及漢人進士科皇慶四年會試蒙古色目人作一榜漢人南人作一榜第一名賜進士及第從六品第二名以下及第第二甲皆正七品第三甲以

下皆正八品兩榜並同元統癸酉左右榜各三人皆賜及第餘賜出身有差

泰定元年甲子張益榜

費
邈字元明鄮山書院山長府志

至正十一年辛卯文允中榜

許汝霖見鄉賢傳

明

洪武四年辛亥吳伯宗榜

續文獻通考洪武三年詔開科舉使內外文臣皆由科舉而選正統二年令開科不拘額數

董時亮居竹山里臨邑縣丞初爲諸生時建議重興二戴書院稱義舉

洪武十八年乙丑丁顯榜

王寄生　歷官雲南左布政司　通志府志俱作繼生

永樂十九年辛丑曾鶴齡榜　舊志作洪武十九年誤

章信宗　字守誠居德政鄉歷官監察御史廉慎有守　三巡卒於任囊無長物僚友賻贈乃得歸葬

永樂二十二年甲辰邢寬榜

龔璉　字廷器居坂　田官主事

景泰五年甲戌孫賢榜

謝廉　見鄉　賢傳

成化八年壬辰吳寬榜

王暄　見鄉　賢傳

成化十四年戊戌曾彥榜

鄭仁憲大興籍天長知縣配享包孝肅祠補纂

成化二十年甲辰李旻榜

丁　哲見鄉賢傳

宏治三年庚戌錢福榜

陳　珂累官大理寺卿通志作杭州衞籍

宏治十二年己未倫文敘榜

周　棨字國信蕭縣知縣

正德六年辛未楊慎榜

金　鯉累官按察司副使

正德九年甲戌唐臯榜

張邦信字德孚任刑部主事歷陞廣西桂林道好名義不下於人以亢衡巡按歸善詩多所吟咏

正德十二年丁丑舒芬榜

杜民表見鄉賢傳

嘉靖十七年戊戌茅瓚榜

王烱字廷輝居小柏里貴州中式官同知王氏譜作文烱由王府奉祠正遷長史歷陞禮部侍郎

嘉靖二十三年甲辰秦鳴雷榜

裘仕濂見鄉賢傳

嘉靖二十六年丁未李春芳榜

邵惟中授行人遷南道御史累官太僕寺卿致仕

嘉靖二十九年庚戌唐汝楫榜

喻　㶊見孝行傳

萬歷五年丁丑沈懋學榜

董子行見鄉賢傳

周汝登見鄉賢傳

萬歷八年庚辰張懋修榜乾隆李志作嗣修道光李志據通志府志改正

周光復見鄉賢傳

萬歷二十年壬辰翁正春榜

王應吉吏部員外郎據碑錄補

萬歷二十六年戊戌趙秉忠榜

喻安性見鄉賢傳

天啟二年壬戌文震孟榜

邢大忠大有兄原名學忠字仲炎山陰籍中式出行人司轉吏部文選司主事歷任戶部右侍郎

崇禎元年戊辰劉若宰榜

王心純見鄉賢傳

崇禎十三年庚辰魏藻德榜

盧鳴玉見孝行傳

國朝

大清會典順治三年春初行會試取中四百名嗣後定子午卯酉年秋八月舉鄉試丑未辰戌年春二月舉會試八年會試照三年之例南卷取中二百三十三名北卷取中一百五十三名中卷取中十三名十五年題准每科取中進士一百五十名自後增減無定數

康熙三年甲辰嚴我斯榜

尹　巽見孝行傳

康熙二十一年壬戌蔡升元榜

高亢藩見宦蹟傳

康熙五十一年壬辰王世琛榜

應朝昌見儒林傳

雍正八年庚戌周澍榜

商　盤會稽籍見儒林傳

乾隆十九年甲戌明通榜

高家湘字景濂隨父任長沙入籍敎習期滿授大甯知縣

嘉慶四年己未姚文田榜

喻維藩字之屏居喻宅欽賜進士翰林院檢討

嘉慶二十四年己卯陳沆榜

宋仁華見文苑傳

道光三年癸未林召棠榜

魏敦廉見宦蹟傳

道光十二年壬辰吳鍾駿榜

董樹棠字述齋居石礶任四川碧山知縣

道光十五年乙未劉繹榜

張景星見宦蹟傳

錢世瑞原名青元見忠節傳

道光三十年庚戌陸增祥榜

裘嗣錦字鴻秋居崇仁歷署四川丹稜羅江太平南充大竹洪雅知縣眉州直隸州補授鹽源知縣欽加同知銜軍功加運同銜咸豐壬子戊午己未同治丁卯同考官戊辰加知府銜署廣安州知州

同治二年癸亥翁曾源榜

樓譽普原名詠字玉圃翰林院編修

舉人

宋

[李府志]宋時鄉舉不捷南宮亦舉仍須考較十舉後則特奏名

紹興十七年丁卯科

周汝士見進士　周世則汝士從兄

周汝能見進士三人並以內舍生中式按周氏譜載十四年甲子科

姜安

紹興三十二年壬子科

周之綱見進士

乾道三年丙戌科

費元亮見鄉賢傳

乾道七年辛卯科

周之瑞見進士

慶元元年乙卯科

周之章見進士

慶元六年庚申

吳守道字貞一居德政鄉以會稽籍中禮經第一名

嘉泰元年辛酉科

周之敏之瑞弟　周宣子見進士

嘉定九年丙子科

周溶孫見進士

口祐六年丙午科

周燚宣子從子以上至之緗凡七人據周氏譜補

口祐十二年壬子科

史夢協字逢衡累官兩淮安撫總幹正議大夫沿江訓練士卒

費九成字師古開慶庚申授永康尉轉信州司理秩滿赴京會鄉友吳大有劾賈似道專權遂與歸隱

寶祐六年戊午科

李應旂省試經魁府志作賦魁

景定二年辛酉科

許　㮚見進士

張　棐字襲子咸口補上舍生乾隆李志作字龔子誤今據周志改正道光李志

趙登炳　趙文炳

呂　諒以上四人年次失攷故附於此

元

乾隆李志元至皇慶始行科舉江浙行省凡統三十路而三歲解額取蒙古五人色目十八人南人二十八人上無可進之路多俛首掾吏矣

延祐元年甲寅科

吳本立 居德政鄉會稽籍中式

至治二年壬戌科

費 浙省元見進士志作泰定丙寅 通

泰定三年丙寅科

卜可壽

至正十年庚寅科

許汝霖見進士

至正二十二年壬寅科

王文合一名天合字應時居東林木縣教諭

王原睩字彥宏居大約里通志府志俱作元睩周志原睩餘杭教諭元末歸隱杜門謝客寓懷詩歌尤長古體有剡溪吟稿

明

乾隆李志洪武三年詔開科以今年八月爲始四年詔各行省連試三年自後三年一舉永爲定式六年詔停科舉專行薦辟至十七年始復開科

洪武三年庚戌科是科額取四十人

董時亮見進士

洪武十七年甲子科

王寄生見進士

洪武二十年丁卯科

王文奎應天中式魯山縣丞

洪武二十六年癸酉科

王維謹字謹言原縣之婿舒城縣丞改靖安縣

洪武三十二年己卯科

史道志見鄉賢傳府志作志道

永樂元年癸未科乾隆李志按是科以壬午鄉試值成祖登極未暇舉行故改癸未鄉試甲申會試又增廣生中式自是科始

張孟韜居清化鄉張氏譜名瑗字孟韜

永樂三年乙酉科

沈　廣交趾路州同知

永樂六年戊子科

史原信居清化鄉新河教諭坊表墓碑俱作乙酉科

李　回字希賢居筮節鄉　按張志作季回注云舊志作李姓誤乾隆李志復據通志郡志科名記李氏譜改正

張　玻字宗儒居西隅長沙府教授

永樂十八年庚子科

龔　璉亥致子見進士

韓　俊字用彰嶸之子永平知縣

唐　津字要夫居忠節鄉棠溪袁州府學教授陞伴讀

王仲賓字光治居昇平鄉任經歷

江宗顯字克光居崇仁鄉

宣德十年乙卯科

鄭　貞居德政鄉會稽籍中式山西提學僉事

正統十二年丁卯科

謝　廉錦衣衛籍順天中式見進士

景泰元年庚午科

張世軒見鄉賢傳萬歷志作張軒

景泰四年癸酉科是科解額九十人遂爲定制

張　政字以仁居東隅官中書舍人遷王府審理轉贛州府通判以廉能鯁直稱

天順六年壬午科

鄭仁憲居德政鄉順天中式

成化四年戊子科

王　暄見進士　　張　性字克循寶應知縣

成化十年甲午科

應　尹見宦蹟傳

成化十三年丁酉科

史　嶠應天中式全州知州　　楊　素字尚文居上剛里贛榆知縣

杜　傑順天中式見鄉賢傳

成化十六年庚子科

丁　哲見進士　　周　山見鄉賢傳

鄭如意字允錫居德政鄉由司務累官滄州知府

陳　珂杭州衞籍見進士

成化十九年癸卯科

豐　儉河南中式官通判

成化二十二年丙午科

閻士充居德政鄉永春知縣府志作宏治壬子科

宏治二年己酉科

夏　雷見文苑傳

韓　華字克熙居孝嘉鄉丹徒訓導

宏治五年壬子科

陳　璠珂之兄官長史

宏治十一年戊午科

周　棨順天中式見進士

宏治十四年辛酉科

姚士榮字仁夫居金庭鄉官教諭

正德二年丁卯科

鄭　端居德政鄉山西解元　張邦信居永富鄉見進士

正德五年庚午科

吳公義居德政鄉景東府通判性質實無機械歸田屏迹城市

金　鯉山東中式見進士

正德八年癸酉科乾隆李志作癸卯誤

鄭蒙吉岢嵐知州　王　木歷御史終僉事

正德十一年丙子科乾隆李志作甲子誤

杜民表傑之子順天中式見進士　王喬

嘉靖十三年甲午科

胡采見宦蹟傳

嘉靖十六年丁酉科

周震見儒林傳　王炯貴州中式見進士

王朴　邵惟中雲南中式見進士

嘉靖十九年庚子科

喻斐見進士

嘉靖二十二年癸卯科

裘仕廉應天中式見進士　杜德孚民表子順天中式弋陽教諭

王念祖貴州軍衛籍中式新甯知縣改保山縣

嘉靖二十五年丙午科

邢舜祥見義行傳　王煉貴州中式乾隆李志作戊午道光李志據府志改正

嘉靖二十八年己酉科

孫艮珊雲南中式舊志佚道光李志據通志府志補

嘉靖四十年辛酉科

喻思化應天中式見鄉賢傳　王培貴州中式

隆慶四年庚午科

董子行見進士

萬歷元年癸酉科

周汝登見進士　王應昌見鄉賢傳

張希秩改名向辰字惟序居西隅德慶知州

萬歷四年丙子科

周光復見進士乾隆李志作癸酉科誤

萬歷七年己卯科

王大棟字子隆居東土鄉絳州知州　王應吉順天中式見進士

萬歷十三年乙酉科

李春榮字邦彥居西隅崖州知州

萬歷二十二年甲午科

喻安性見進士　朱萬壽雲南中式

萬歷二十五年丁酉科

王瑛貴州中式累官雲南按察副使通志作郁王瑛

萬歷三十一年癸卯科

鄭化麟順天中式見鄉賢傳　趙𢭃字近思居東隅

萬歷三十四年丙午科

錢永澄字久心居瓊田松江府同知

萬歷三十七年己酉科

吳越岳順天中式見宦蹟傳　周家俊字仲英居開元鄉湞川知縣府志

作家
駿
府志
補

吳維嶽 應天中式舊志佚 道光李志據通志

萬歷四十年壬子科

吳中潁 字支機居德政鄉烏程籍太平知縣有德政

邢大忠 見進士

萬歷四十三年乙卯科

王心純 見進士

萬歷四十六年戊午科

周孚口 字無遷汝登子應天中式

天啓元年辛酉科

尹膺簡字可行居東隅　尹鼎臣膺簡姪見鄉賢傳

天啓四年甲子科

胡自平原名守禮見宦蹟傳

天啓七年丁卯科

吳應芳見儒林傳

崇禎三年庚午科

裘組字章甫居承富鄉國朝任壽州知州

崇禎六年癸酉科

尹志熺應天中式見鄉賢傳

崇禎九年丙子科

盧鳴玉見進士

崇禎十二年己卯科

徐一鳴順天中式見儒林傳

國朝

大清會典順治二年浙省開科額取一百七名八年加中十五名十七年裁爲五十四名康熙十七年廣額十名四十三年浙省額八十三名五十年增十四名雍正七年浙江中式九十九名五經中額五名又加十名乾隆間定額九十四名

順治五年戊子科

姚工亮字代人居晉溪里內鄉知縣乾隆李志作三年丙戌誤

順治十七年庚子科是科裁爲五十四名

尹　巽見進士

康熙十七年戊午科是科額取六十四名

高克藩見進士

康熙三十五年丙子科

商洵美見鄉賢傳

康熙四十一年壬午科

商元柏字葉如歷官泰安州知州見文苑傳

康熙四十四年乙酉科

王　化字幼仲居東土鄉臨安教諭

康熙四十七年戊子科

應朝昌見進士

雍正元年癸卯科是科四月鄉試

鄭彥字瀛彥居東隅

雍正七年己酉科

商盤順天中式見進士

乾隆元年丙辰科

吳炳忠字大文順天中式見孝行傳

乾隆九年甲子科

葉方蕤字荻莆居大屋順天中式

乾隆十五年庚午科

高家湘克藩子長沙籍順天中式

乾隆十七年壬申科

裘式玉見儒林傳

乾隆二十七年壬午科

鄭文蘭見宦蹟傳

乾隆四十八年癸卯科

吳啓鷺字司南居三界　　吳啓虬字駕青居三界選鎮海教諭未任卒

乾隆五十四年己酉科

張基臺見文苑傳

嘉慶三年戊午科

喻維藩欽賜舉人見進士

嘉慶五年庚申科

徐建勳字南洲居馬嶼

嘉慶九年甲子科

郭廷翰原名倫鑑字仙舟居石碑

嘉慶十二年丁卯科

錢曰青見方技傳

嘉慶十三年戊辰科

邢復旦見儒林傳

邢　照字海珊居太平鄉大挑二等署歸安教諭

王景章見宦績傳

嘉慶十八年癸酉科

錢錦山見文苑傳　宋仁華見進士

嘉慶二十一年丙子科

董　鏞字薇雪居北鄉宗學教習期滿以教諭用

喻道鈞見儒林傳

嘉慶二十四年己卯科

魏敦廉見進士　魏懋昭見文苑傳

道光元年辛巳科

張景星見進士　周華齡字頌三居開元覺羅教習選湖南衡

州府清泉縣知縣調鄞縣
裴怡蓮見義行傳

道光二年壬午科

宋　鑛字星田居羅松
丁宸簡字道佩居東鵬

王景程見文苑傳
王　謇字愆菴居葛竹

道光五年乙酉科

王際昌原名際清見宦蹟傳

道光八年戊子科

錢青元見進士
吳　鍼字春江居三界大挑授孝豐縣訓導

周卜瀾字蘧東居上路西
丁封三字祝齋居許宅大挑二等署孝豐樂清訓導衢州府教諭選授樂清教諭

道光十一年辛卯科

董樹棠 見進士

道光十二年壬辰科

鄭南呂 字晴巖居長橋歷署淯安烏程縣教諭

道光十五年乙未科

周松齡 見文苑傳　　呂爕煌 見文苑傳

龔丙元 字千橋居崇仁鄉景山官學教習

道光十七年丁酉科

趙金鑑 字丹崖居小砩甲辰大挑二等選分水教諭未任卒

吳光昭 字熔堂居棠溪揀發知縣　　童載詠 字沂亭居下璜大挑二等選授雲和

縣教諭

任湘字蒓鄉居石舍

道光十九年己亥科

張聯奎欽賜

道光二十年庚子科

張金簡字芥舟居清水塘　張錫齡字薌汀居大灣

章瀚字丹林居下璜

道光二十三年癸卯科

張階平見義行傳

道光二十四年甲辰科

裘嗣錦見進士　錢寶珊字小泉居長樂埭選知縣工書法

咸豐二年壬子科

陳世昌 見義烈傳

咸豐八年戊午科

樓詠 見進士　周寶瑑 字廉浦居開元揀選知縣

咸豐九年己未科

滕金鑑 字蕺匡居會稽獨樹

同治四年乙丑補行辛酉並壬戌科

張德瑜 字樸山居大仁寺根揀選知縣　丁謙 字益甫仁和籍揀選知縣

王兆麟 字吉甫居王泥塘考取謄錄期滿以知縣用

裘治成 字蒓甫居崇仁欽加六品銜軍功加五品銜

同治六年丁卯科補行甲子科

魏邦翰字秋屏居白泥塹戊辰科會試挑取功臣館
膳錄期滿以知縣用軍功保舉加五品銜

裘黼成字端甫居崇仁

同治九年庚午科

裘瀛振字水亭居下王　陳光佑字積菴居東門

武進士

明

會試全錄散佚今據
舊志及册籍登載

萬歷八年庚辰科

茹日章居六都雨中鄉舉任鎮撫
陞守備以都指揮行事

萬歷二十九年辛丑科

邢大有大忠弟四川
都司僉事

萬歷三十二年甲辰科

童朝明居遊謝鄉北直
遵化營遊擊

萬歷四十一年癸丑科

竺淩雲字抱冲居金節鄉由文學善騎射授黃州三江口守備江寇出沒標掠出奇擒滅陞福建都司討平土寇陞江西贛州參將調廣東雷廉陞河南懷慶府總兵官

萬歷四十七年己未科

童維坤見忠節傳

天啓二年壬戌科

童朝儀勦賊有功官至都督府志作山陰人

武舉人

明

萬歷七年己卯科

鄭斯顯居德政鄉長橋人

萬歷四十年壬子科

竺淩雲見進士

茹日章見進士　邢大有見進士

童朝明見進士　童維坤見進士

童朝儀見進士　徐　麟見忠節傳國朝雍正間封忠勇將軍

以上六人俱萬歷時武舉年分失考故附於此

天啟

錢德炯江西中式

崇禎十五年壬午科

周之璁居開元鄉

過大任貴州龍場都司　錢　法雲南中式以上二人俱崇禎時武舉年分失考故附於此

國朝

大清會典順治二年題准子午卯酉年舉行鄉試無定額康熙甲子科以後定額浙江中式五十名

康熙八年己酉科

張朱英本姓竺居陳郕　周　奇字沛武居上朱

康熙四十一年壬午科

高紹志居東隅任鳳陽衛守備贈武德將軍通志府志作紹忠

乾隆六年辛酉科

裘應麟居崇仁鄉

乾隆十七年壬申科

裘廷魁字煥宗居崇仁鄉

乾隆二十七年壬午科

張錫光字被達居永富鄉　尹皇露居東隅

乾隆三十五年庚寅科

尹皇壽居東隅

乾隆三十六年辛卯科

周吉甫居大洋

乾隆三十九年甲午科

錢　蕙居長樂鄉歷署三江杭州水利千總

乾隆四十二年丁酉科

施占鰲字道科居施家塽

乾隆四十五年庚子科

陳綱字禹佷居嶸嶺福甯鎮標守備勦臺匪歷戰東港南潭等處匪平致仕歸封武畧騎尉

乾隆五十一年丙午科

裘躍字立元居崇仁鄉署楓嶺乍浦千總歷任嵊縣新昌向天嶺諸暨瀝海所蕭山三江山陰虎山夏蓋山上虞餘姚等處駐防

乾隆五十三年戊申科

裘國元字怡燦居崇仁鄉授兵部差官山東高唐州守備

乾隆五十九年甲寅科

裴國清字怡振居崇仁鄉　裴朝泰字道隆居崇仁鄉候選衛千總

乾隆六十年乙卯科

張我武居東張

嘉慶九年甲子科

張鵬飛字圖南居東張

嘉慶十二年丁卯科

裴定山字國詠居下王

道光五年乙酉科

王大鵬居東林

道光十一年辛卯　恩科

張本浩居湖嘴頭

道光十二年壬辰科

馬揆三字錫堂居小崑

道光十七年丁酉科

黃承烈字西樵居溪西莊原任向天嶺把總

道光二十三年癸卯科

裘捷三居崇仁候選營千總

道光二十六年丙午科

黃元吉字永裕居溪西

道光二十九年己酉科

史清標居浦橋

咸豐元年辛亥恩科

黃雄飛字杏邨居查邨候選都司加遊擊銜

張國瑞居上湖蔭　沈國成字少蘭居甘霖鎮即用千總山陰籍

咸豐二年壬子科

錢鎮雄見義烈傳　范振標字虎臣居范油車補授兵部差官

裘鳳臺居崇仁　錢鎮嶽見義烈傳

咸豐五年乙卯科

裘炳全居溪灘見義烈　錢一能字蛟騰居古竹溪

同治四年乙丑並補行己未辛酉科

黄雄藩字杏生居穀來挑選營千總　馬熊飛字鱗堂居馬家

裘正清字毓秀居崇仁考取二等由兵部武選司掣差

錢殿英字友蓮居石璜桐鄉縣駐防

裘世振字福田居溪灘挑選營千總

同治六年丁卯科並補行壬戌科

屠兆熊字際春居了溪　任大忠字和軒居安田

錢士熊居古竹溪

同治九年庚午科並補行甲子科

王國楨居石蟹　裘定華字雲淩居崇仁

錢鳳山居璠山　張光辰居富順

張錫綸　居富順仁和籍

武進士

同治十年

裘定華　居崇仁

嵊縣志卷十一終

嵊縣志卷十二

副貢

明

萬歷

丁美祖字仲甫兩中副車年分失攷

天啓甲子科

袁師孔

崇禎

厲汝恩見鄉賢傳

國朝

順治

喻恭復見儒林傳以上二人年分失考

乾隆元年丙辰科

吳熙德字峻文居棠溪

乾隆二十一年丙子科

鄭士元

乾隆三十五年庚寅科

吳桂先字殿芳居三界

乾隆四十二年丁酉科

張聲韶字鳳來居雅張府志作聲龍誤

乾隆五十一年丙午科

吳金聲 字韻玉居棠溪工詩

嘉慶十八年癸酉科

金有鑑 字月波居東山

嘉慶二十三年戊寅科

趙連城 字緒屛居珏芝有文名

道光二年壬午科

任　湘 見舉人

道光十一年辛卯科

裘坤元 字鎮山居崇仁就職復設教諭見兆彪傳

道光十四年甲午科

周松齡見舉人

王德元　欽賜

道光十九年已亥科

張冠瀛字仙舟居大灣

咸豐八年戊午科

裘瀛成字仙槎居崇仁署仙居縣訓導武康縣訓導內閣中書銜

拔貢

明

嘉靖

邢錫禧居太平鄉馬湖同知

萬歷

鄭化麟見舉人

周光臨以上三人年分失攷

崇禎八年乙亥科

徐一鳴見舉人

國朝

順治五年戊子科

周運昌居開元鄉建昌府通判府志作恩貢

順治八年辛卯科

周際昌居開元鄉遵化知縣府志作恩貢

順治十一年甲午科

尹　巽　見進士

康熙十一年壬子科

吳光廷　見儒林傳

康熙二十五年丙寅科

徐遵孔　字道子居西隅

康熙三十七年戊寅科

吳士槐　字翰楨居棠溪

雍正元年癸卯科

商　盤　見進士　　吳炳忠　見舉人

雍正十三年乙卯科

高紹圓見宦蹟傳

乾隆五年庚申科

葉方蓁見舉人

乾隆十八年癸酉科

陳文組見薦辟

乾隆三十年乙酉科

周大用見儒林傳

乾隆四十二年丁酉科

商元棠

乾隆五十四年己酉科

張基臺見舉人

嘉慶六年辛酉科

裘怡芬見宦蹟傳

嘉慶十八年癸酉科

錢錦山見舉人

道光五年乙酉科

周松齡府學選拔見舉人

吳鵬飛見文苑傳

道光十七年丁酉科

錢登化字春坡居長樂

道光二十九年己酉科

張德瑜見舉人

咸豐十一年辛酉科

袁子喬字升甫居西隅考取八旗教習以直隸州州判註册選用戊辰歲幫辦京都五城團防局加鹽課使提舉銜

歲貢

明

洪武

十六年奏准天下府州縣學自明年爲始歲貢生員各一人二十一年詔天下府學一年縣學三年

貢一人二十五年詔天下府學一年二人縣學一人

胡　觀十七年貢

沈　常

高知山二十三年貢居昇平鄉四川道監察御史陞湖廣按察司僉事

毛道德二十五年貢居禮義鄉刑部主事

袁道溢二十六年貢居五十三都江蘇丹徒知縣

王谷保二十七年貢

米　莊二十八年貢字以端居西隅黃州同知改除工部主事

李　恆二十九年貢一名常見儒林傳

張德壽三十一年貢

笠仕俊居十八都句容知縣正直不阿頗盡言職

俞　驅三十二年貢居禮義鄉兵科給事中

永樂

二年詔天下歲貢用洪武二十五年例十

九年詔天下歲貢用洪武二十一年例

史鯨元年貢望江知縣　王可彥三年貢

宋純四年貢居西隅邢臺知縣　王復杲五年貢見鄉賢傳

郭顯名六年貢居仁德鄉甯國典史李府志作鄔顯名

閻常居德政鄉由貢生任福建汀州府武平知縣

袁道距七年貢道溢弟　竺原轤八年貢居金庭鄉武昌知縣

王恕敬九年貢濱州知州　張謙十年貢

俞祚十一年貢字克新驛之姪　胡德潤十二年貢字廣心居東隅德安同知

陳士基十三年貢居孝節鄉　史成尹十四年貢居西隅教諭

施重十五年貢入上舍永平同知

馬　欽十六年貢字敬夫新昌教諭署縣事　張　琮十七年貢字玉蘊居崇安鄉興化樂安知縣張志作張琛

吳　文十八年貢知縣

任　倫十九年貢居昇平鄉知州

宣德

七年詔天下歲貢用洪武二十五年例

樓希賢元年貢前志樓作婁今更定見鄉賢傳

俞　機二年貢字伯慎驥之姪長樂知縣　姚孟章四年貢居金庭鄉

王允祥五年貢居仁德鄉海州教諭李府志作永祥

張宗義七年貢居東隅　王玉田九年貢見鄉賢傳

黃孟端十年貢見鄉賢傳

正統

五年令天下歲貢府學一年縣學二年各貢一人

史浩傳二年貢居清化鄉武驤衛經歷　趙斌四年貢居東隅青州府經歷

王以剛六年貢晉道子南京工部主事　王鈍八年貢見儒林傳

竺時達十年貢居忠節鄉贛州推官　陳昱十一年貢居康樂鄉平樂府照磨

江鍊十二年貢居東隅　鄭遜居德政鄉

景泰

胡鉞元年貢居西隅上杭知縣濬築城池建譙樓以才幹稱未幾卒於官

王貴舟二年貢居東隅　相永忠三年貢居永富鄉府志作胡永忠

陳勳四年貢居清化鄉　黃瑒五年貢字叔圭居西隅延平知事陞

武進縣丞府志作黃場

王　樞　六年貢見鄉賢傳

天順

六年合廩增生員四十五歲以上者俱貢

尹　儀　二年貢字鳳翔居西隅清江訓導改除新建致仕

劉　蘭　三年府學貢性傳子揚州同知民懷其德

陳　昶　四年貢字允輝居孝節鄉嶧縣丞

錢　濟　六年貢見方技傳

馬　良　七年貢字士賢居東隅晉州訓導陞安平教諭

胡　昱　字克昭居西隅平原訓導

謝　輈　字克通居昇平鄉新蔡訓導

劉　虎　字本陽居西隅讓遠主簿

朱　郁　字文盛居西隅龍巖教諭

宋　敏　字克修居西隅登州訓導以上六人皆應例一歲同貢

張　軫八年貢字器之居清化鄉登州訓導

成化

王　昆二年貢字怡仲鈍之姪府志作王崑

楊　綺四年貢字蘊夫居東陽龍江遞運所大使

周　泰六年貢見孝行傳

馬　政八年貢字廷治居孝節鄉福建古田教諭署縣事

史　晞十年貢見舉人

張　昇十二年貢字廷高居積善鄉泉州訓導

王　輔十四年貢字廷佐居仁德鄉陵縣訓導

樓克剛十六年貢字以柔居崇安鄉新泰訓導

楊　浩十八年貢字本洪居清化鄉蘄州訓

導有賢名

李　穆　二十年貢字敬之居靈芝鄉雲夢訓

導

裘　鈴　二十二年貢字宏振居崇仁鄉建甯

訓導府志作求鈴

鄭仁恕　號弦齋居德政鄉

鄭　璣　居德政鄉乘作拔貢生

鄭　瑛　號恥齋居德政鄉四川籍貢鄭氏家

宏治

九年奏准今年起至十三年每年貢一人

張　濬　元年貢字元哲琮之子景陵訓導

張　址　二年貢居積善鄉泉州教授

王　荃　三年貢字德馨暄之姪

過　誼　五年貢字正之居長樂鄉絳縣訓導

應　旭　七年貢字以陽升之孫邳州訓導

張　倓　九年貢字克廉居清化鄉邳州訓導

陞雷州敎諭

周　嶧十年貢見鄉賢傳

張　曜十一年貢字克輝居清化鄉監利訓導

韓　顯十二年貢字克洪瑞昌訓導陞永安知縣

裘　芝十三年貢字德馨居崇仁鄉長沙訓導

趙　岑十五年貢字用之居東陽桂林推官性鯁直慎守官箴家無贏資

鄭　軫十七年貢字文華德州判官

樓懷岑十八年貢湖州訓導以上二人乾隆李志佚道光李志據府志周志補

張　昭居清化鄉

正德

胡　淮元年貢見義行傳

裘孔華三年貢字實夫居崇仁鄉德興訓導

鄭　璲四年貢字文華深州判官乾隆李志作鄭燧道光李志據鄭氏譜改正

裘　策　四年貢字獻夫居崇仁鄉傳野訓導三署邑篆有政聲

黃　榮　七年貢字克仁居東隅壽州訓導

謝　樓　九年貢字克高居禮義鄉雲南知事

馬雲鳳　十一年貢居孝節鄉青田教諭

姚士朝　十三年貢字弼夫仕榮弟

鄭　經　十五年貢字廷濟居德政鄉乾隆李志作嘉靖年道光李志據府志周志改正

張　碩　居清化鄉

嘉靖

馬　輝　元年貢見鄉賢傳

應　暐　三年貢字以光居崇仁鄉崇善知縣

鄭　堂　五年貢字汝升居德政鄉金谿教諭

黃　懌　七年貢字蘊中孟端孫邵武訓導秉氣節正學作士士論重之

樓懷奎　前志樓作婁九年貢字仲光充剛子邛縣訓導以父卒於官傷之早乞致仕

馬　充　十一年貢見儒林傳

周　晟十二年貢見儒林傳　裘仕濂十三年貢見舉人
周紹家字仲齋居東隅十五年貢據周氏譜補入
邢舜祥十五年貢見舉人　高　瑞十七年貢字國賢居桃源鄉
張　鏵十九年貢字賓之居桃源鄉虹縣教諭未任卒府志作張鏞
尹　奎十九年貢字世文居東隅　鄭　驅二十一年貢字德孚居德政鄉訓導
鄭　文二十一年貢字用章居德政鄉固安教諭稱長者有古風
胡　槃二十三年貢字克用含山訓導　袁　旻二十五年貢字秉仁居桃源鄉蕭縣
教諭莊以律己端以率士　江憲臣二十六年貢字維翰居[illegible]節鄉新鄭
訓導　鄭　宸二十八年貢字敬夫居德政鄉香山
教諭　喻一貫三十年貢字繼曾建平訓導

周　謨　三十一年貢見鄉賢傳　　胡　樂　三十四年貢見隱逸傳

竺　該　三十六年貢字文廣居遊謝鄉魚臺教諭

裘汝洪　三十八年貢字時範居崇仁鄉江夏訓導

鄭應元　四十年貢字仁甫居德政鄉和州判官

裘日恩　四十二年貢居崇仁鄉海門訓導迪士先行誼難干以私

尹丕中　四十四年貢字孔和居東隅濟甯州訓導陞周府教授苦貧子立能甘人所不堪論經史時有卓識特不徇於俗人多誚之　　張　勅　居清化鄉吳江教諭

隆慶

元年詔天下府州縣學考覈膳生員內貢一人

鄭大軺　元年貢居德政鄉　　邢德健　二年貢見儒林傳

王嘉相 三年貢，字汝良，居東隅，惠安主簿，陞通山知縣。

趙漳 五年貢，字克齊，居東隅，連州判官。

吳世輝 六年貢，見義行傳。

萬歷

三年奏准歲貢生員年六十以下考優者充貢，三十一年立皇太子恩詔府貢二人，州縣貢一人。

袁仲初 元年貢，字大意，居西隅，臨安訓導，教士有方，卒于官。

竺天街 三年貢，字時登，居箎節鄉，歙縣丞。

周梧 五年貢，字鳳來，居西隅，建德訓導，事叔如父，至老敬養不衰，居官家甚貧，屢卻門生之餽。

袁大恆 七年貢，字仲徵，定海訓導，陞常山教諭，轉襄陽府教授。

周紹祖 九年貢，見儒林傳。

鄭甲 十一年貢，居德政鄉，於潛訓導。

鄭王政 十三年貢，居德政鄉。

周夢斗 十四年貢，見鄉賢傳。

周維韓 字孔文，居開元鄉，徽州府經歷，轉遼

東裔府志作維翰以下
袁尚袁續修無出貢年分

童　仁居遊謝鄉東陽訓導　周仕麟居西隅永嘉訓導有政聲

吳越岳見舉人　周夢神見鄉賢傳

王嘉宴字君錫含山知縣　錢萬貫名一愚居剡源鄉仁和教諭

周邦銑字國維居開元鄉於潛訓導陞東陽教諭府志作邦鏡

鄭鳳儀居德政鄉　于　謹

邢化龍字見夫居太平鄉德興知縣　丁則綬字子章居東隅

葉應斗字汝光居崇信鄉梧州通判　錢大敬居剡源鄉

周光裕字貞宇居東隅如皋縣訓導據周氏家乘補

泰昌

元年辛酉恩詔天下府學貢二人縣一人

丁彥伯見隱逸傳　　張我綱字宏甫

天啓

元年詔天下府貢二人縣貢一人

王禹佐見忠節傳　　吳應雷字子濬居崇信鄉武陵縣丞陞石阡府經歷

袁祖乾見儒林傳

尹志炡見舉人

崇禎

元年詔天下府縣廪選優貢一人

吳廷珍見鄉賢傳　　周奇芬字爾華居東隅元年貢化州同知擄

周氏譜補理刑廳

應信遇 字邦際居崇仁鄉湖州教諭

徐一鳴 已見拔貢今據府志姑存俟攷

教諭不赴

尹志燧 附見立相傳

王心淵 字流謙居孝嘉鄉

鄭漢十

吳效恩 字君尊居五十五都

吳鋐 字仲舉居五十五都

歲貢

周儀世 字羽可居西隅淵博多才授按察司

唐民敬 字敬所居箬節鄉安吉州學正

厲汝恩 訓導

胡永賓 字惟賢居東隅嚴州府訓導陞慶元

姚來學 字思兢居金庭鄉海甯訓導

徐[illegible]行 字子義居遊謝鄉

金之聲 見孝行傳

王徽章 字纘之心純次子博學能文

章日遻 字仲深居德政鄉

鄭奎 字廸生居德政鄉

國朝

順治

四年詔歲貢首名次名准貢

葉應茂字爾成河源知縣　周有亮字信卿居西隅泗州教授

俞華服字斯章湖州教諭　謝汝中字自御仙居訓導

喻恭泰見鄉賢傳府志作恭彝　裘應秋字鴻甫居崇仁鄉豐沛知縣

朱爾銓見儒林傳　周鉞字公襄居西隅永康教諭

康熙

三年停

八年復

王基宥字爰對以孝友稱府志作順治年　周之默字永思居開元鄉乾隆李志作周嘿

張明易 字惟旋居二十八都孝豐訓導　錢濬 字爾哲居富順鄉

周憬新 字頤仲居開元鄉　喻恭莘 字宗孚居西隅

盧傳 字宗子居東隅　喻安恂 見儒林傳

鄭彥祐 字以周居五十五都　趙德馨 字薦明居東隅

周遂修 字君明居開元乾隆李志作逆修　王從銓 字贊希居十六都

裘光鑅 二十五年貢字叔度居崇仁鄉處州教授

高衡 二十七年貢見儒林傳　應捷 二十九年恩貢字叔顯居白坑口選儒學教諭

張廷芝 三十一年貢字碧軒居二十八都府志作廷芳

裘應聘 三十三年貢字上徵居崇仁鄉

李茂先 三十五年貢見文苑傳　胡悅 三十七年貢字孝真居東隅

鄭有年 三十九年貢字介創居東隅　吳上瀾 四十一年貢字元培居棠溪

周景昉 四十三年貢字爾章居西隅　張祚升 四十五年貢字日生居路西

趙起鯤 四十七年恩貢見鄉賢傳　張天培 四十七年貢字乃生居富順鄉

尹東璉 四十九年貢字象玫居東隅　盧象鼎 五十一年貢見儒林傳

裘德溥 五十二年貢居崇仁鄉　盧廷翰 五十三年貢見儒林傳

王曒皓 五十五年貢字肅瞻居孝嘉鄉象山訓導

宋[illegible] 五十七年貢見儒林傳　王鏞 五十九年貢字仲驤居東土鄉

張燾 六十一年恩貢字聖箴居清化鄉　鄭肇昌 六十一年貢字也魯居東隅青田訓導

雍正

鄭啓夫二年貢字搏九居竹山　商元極四年貢字啓墅

喻學鈖六年貢字廷璧居西隱湖府志作學詅

周熙文八年貢見宦蹟傳　陳錫圭十年貢字和音居德政鄉永嘉訓導

吳幾荷十一年貢字友伊居棠溪

乾隆

吳屛翰元年恩貢字幼思居西隅　汪宗琦元年貢見孝行傳

沈義倫三年貢字子若居清化鄉　求誠五年貢字彙明居西渚

周宗鼎五年貢居開元鄉　張學周六年貢字元功

張懋樞八年貢　李杞忠十年貢

陳義中十一年貢　竹翔鴻十二年貢府志竹作竺

楊士仁 十四年貢　　蔡　溍 十六年貢

張世芳 十六年恩貢　　商素臣 十八年貢 居堰坻

應忠誥 二十年貢　　葉廷桂 二十二年貢

周斯盛 字覺軒 居東隅 二十三年貢 舊志失載今補入

孫之鳳 二十四年貢　　鄭尙忠 二十六年恩貢 見孝行傳

吳踰□ 二十七年貢　　莫之端 二十八年貢 溫州府訓導

張錫勇 三十年貢 字體仁 居張家　　丁景瀾 三十三年貢 字波山 居東隅

馬　林 三十四年貢 字楚材 居西隅 金華府訓導

汪立誠 三十六年貢　　張　施 三十六年恩貢 字薪傳 居張家

張兆亨 三十八年貢 字萬化 居張家　　張月鹿 四十年貢 居東隅

史　銓　四十二年貢　　劉　純　四十四年貢見義行傳

葉芳桂　四十四年恩貢居大屋　　沈濤元　四十六年貢

周夢彩　四十八年貢　　陳義種　四十九年恩貢

高宏訓　五十年貢　　應紹濂　五十二年貢居太平鄉

裘振緒　五十四年貢字大振居崇仁鄉　　王秀春　五十五年恩貢居東滙

王待問　五十七年貢居東隅　　喻道彬　五十九年貢字節齋居西隅

嘉慶

張基雲　元年恩貢見孝行傳　　裘貽謀　元年貢居西隅

史　晉　三年貢字家和居崇仁鄉　　張聯奎　五年恩貢字瑤圖居富順見舉人

朱廷鰲　五年貢居葉家畈　　吳之塏　七年貢見文苑傳

錢成章九年貢居長樂鄉　劉以觀十一年貢見儒林傳

王旭照十三年貢　馬如麟十四年恩貢字有瞻居馬家

竺虞佐十五年貢字欽鄰居后山　裘文煒十七年貢字書晟居下王黄巖訓導

鄭錫三十九年貢字芝齋居長橋　薛鳳鳴二十一年貢居西隅

宋仁懋二十三年貢字履建居西隅　傅祖梁二十四年貢居湼溪

張和二十五年貢字介甫居雅張見封蔭

道光

吳啓熊元年恩貢字渭占居三界　薛鳳圖二年貢字虛谷居西隅

夏沛霖四年貢字愷利居夏相　郭鳳樞四年恩貢字璣庭居石碑見文苑傳

宋仁焴六年貢字樸堂居西隅

馬　澐八年貢字居馬家　　呂　燮三十年貢字居王聖堂

陳儀烜十二年貢字望亭居陳邨　　史　章十四年貢字韓庭居崇仁

周敬丹十六年貢字所莽居沃璣　　劉金聲十八年貢字如軒居石碑

宋彭山二十年貢見義行傳　　王鳳鳴二十二年貢字朝陽居蘆田

張啓闈二十四年恩貢字金門居路西　　金延獻二十四年貢字華亭居潭過

汪　堅二十六年貢字面亭居俞潙　　邢佳畹二十八年恩貢見文苑傳

史　詠二十八年貢字容洲就職訓導　　裘盛成三十年貢字獲舟居崇仁就職訓導

咸豐

王秉鈞元年恩貢字衡堂居大約就職教諭

童振聲二年恩貢字亦濂居下王　　胡　坦二年貢字春圃居宋家㙓

錢振林　四年恩貢字福堂居古竹溪　　鄭學忠　四年貢字靜溪居珠溪灘

裘　鍾　六年恩貢字麗川居錢郎　　錢　壎　六年貢字蘇門居長樂

裘邦杰　八年貢字蘆舫居崇仁　　張　鑒　十年恩貢字潔齋居塘頭

錢載陽　十年貢字椿汀居璘田署昌化縣教諭卒於任

同治

錢鹿鳴　元年恩貢字慎軒居石璜試用教諭

支景三　元年貢字鈞畦居支鑑路　　尹汝諧　三年貢字月坡居尹家就職訓導

黃化鵬　五年恩貢字萃齋居新建候選教諭

裘瀛振　五年貢字水亭居下王見舉人　　呂爕臣　七年貢字香泉居雅安

廩貢

明

周世乾居西隅浦江訓導見仕籍

張組邦信子嘉靖時廣安州判

國朝

高克廣字子順居東隅國子監教習

馬維藩字价人居馬家莊

喻經邦字迴瀾居西隅見封蔭

鄭在淵字履風居德政鄉

王永俶字載南任蘭谿歸安訓導歷安吉州學正

周建封字醖模居開元候選訓導

吳祖仁字監周居三界

張書紳居下路西歷任金華府訓導遂安訓導臨海教諭

陳昌言字拜庭居德政鄉陳郝

張夢麒字尚志居張家

周豐垣字醖楷居開元布政司理問

裘玉章字祐銘居崇仁鄉分發試用訓導見

封蔭

喻　萃 字象易居西隅候選訓導

周咨謀 字思幸居開元候選訓導

郭佩聲 字金臺居石佛

邢　炯 字曉峯居太平鄉國子監典籍

施　燮 字乃雍居禮義鄉施家嶼莊見文苑傳

吳觀光 原名一枝字桂山居三界

吳景熙 號星橋居棠溪

應清藻 字佩儀居桂巖

裘怡蕖 字蓉堂居崇仁署杭州錢塘縣訓導見封蔭

唐景星 字采亭居十七都棠溪選授教諭未任卒

孫嘉言 字作齋居孫墺

馬化南 字芾棠居馬仁邨試用訓導

高振芳 字梅岑居黃泥橋試用訓導

姚宗華 字協唐居晉溪試用訓導

陳　藩 字端書居陳邨

王芸臺 字鏡人居西隅議敘訓導

沈國大字少銘居甘霖鎮　鍾慶祺字旭堂居城中

喻昌言字曉人居城坊　裘鎮南字亦青居崇仁

趙鴻文字虛齋居泥家渡　裘慎修字光斐居下王

周錦林字學軒居鄭莊　王錫爵字子衡芸臺子

增貢

明

周昭廉之子居西隅謹實有行　周譜居西隅嘉靖中爲江安主簿

國朝

周愛蓮字國維居開元鄉平和知縣　張家齊居雅張

陳德光字輝亭居德政鄉候補從九歷署德慶州吏目肇慶府照磨三水縣典史開建縣丞咸豐

辛酉在籍死寇難　贈鹽知事銜
蔭一子入監讀書期滿候選主簿

裘鉦成字循士居崇仁　李堃字芳谷居李家

錢春苑字椿畹居山口加捐雙月訓導　樓鏡人字潁士居樓家

吳拱辰居棠溪縣丞　鄭宗濂字藕汀居城坊署於潛縣教諭候補訓導

喻坤字蔚齋居西隅署永康訓導

周本林字亨齋居石頭地　呂芬字一枝居白宅署試用訓導

呂清源字月汀居王聖堂候選知縣加同知銜

支我春字雪巖居支鑑路

附貢

明

邢舜禋居東土鄉經歷

邢公璽居三十八都

裘夢開居崇仁州同

邢九韶居太平鄉萬歷時德化主簿

邢九蘓居太平鄉萬歷時德興主簿

國朝

汪立昌字敬齋居東隅

喻恭晉字康侯居西隅

馬淩郡居孝節鄉

袁增昇字聖殷居上碧溪

高紹恭字允安居東隅

袁鯨字御文居上碧溪

裘克配見義行封廕

裘克紹字徵錫居崇仁

沈嶽字讜贊居沈家灣

張聰居清水塘

裘怡荆見宦蹟傳

裘怡蕙見宦蹟傳

裘詔容見義行傳　孫大成居孫嶼

喻涵字慎齋翰林院額外待詔　裘鏡萬居崇仁

裘育萬居崇仁　張垚居和家邨

裘民字山瞻居崇仁見封蔭　王世清字石泉居東林

周賢居開元　葉文蓁字檣園居葉家

錢逢源居長樂　王燕春字玉菴居東隅

周召南字修廬　邢秉謙字景安居太平鄉

張書緯居下路西　張仲孝見義行傳

張暭見義行傳　陳化居官屋基

張瑤光見義行傳　錢玉如字士輝居山口

文金見義行傳　馬季常見義行傳

俞齊聖字文航居蒼巖　應學禮居太平鄉

唐峻德居唐田　馬傳經字典五居馬仁郚見季常傳

錢釗見義行封陰　張琮居清水塘布政司理問

裘怡藻字祿園居宗仁　丁汝松字蔚堂居丁家

竺鳳臺字藝山居範郚　錢維翰字錦城光祿寺署正同知加四品銜

黃永修字愼齋歷署景甯桐鄉教諭孝豐青田訓導

黃理中字仁通居富順　劉炳煇字安亭居石佛

樓樹人字積軒居樓家　竺廷佐字葵莊居範郚

魏懋和字協初居白泥墩　湯敬躋字棻園居城中

吳之謙 字六背 居城坊
竺廷鑑 字怡亭 居靈鷲
袁銓 字選亭居 上碧溪
黃禮琮 字品三 居孔郵
王崧瑞 字雅三 居西隅
孫愼修 字荻泉 居孫嶴
孫鳳翽 字儀庭 居孫嶴
史艮
陳光濤 居陳 郵
錢復 字亨齋居 古竹溪

袁玉庭 字蘭佾 居西隅
王鑑 字月湖 居東林
魏煥 字星躔居白泥 斵國子監典籍
吳金和 字節甫居棠溪中 書科中書見封蔭
竺右修 字个亭 居範郵
商炳文 字華田 居沙地
裘炳榮 字兼山 居崇仁
黃振鵬 字未巽 居新建
童炳章 居十 里童
王汝霖 字雨若 居上王

孫孝純　字閒側居孫嶴

裘羔成　字匡康居崇仁

丁謙　字益三居丁家

裘遂初　字愷竣居崇仁

丁敬書　字吉軒居過巷由軍功保舉教諭賞戴藍翎署仙居訓導

高承標　字曉峯居東隅候選縣丞

丁席珍　居梁邨

郭世寬　字栗莊居石咈

相吉人　字階平居下相

李文炳　居唐邱仁和籍

王寅達　字一齋居造士灣

吳光熙　居棠溪光祿寺典簿

吳鳳彩　居棠溪

宋文藻　字嘩庭居愛湖

鄭召棠　居西隅

錢沛恩　字春波居古竹溪仁和籍加同知銜

丁震　字蒴人居丁家

馬錫晉　字鳳珊居馬仁邨

王尊達　字德三居城南

裘鎔成字恆藻居崇仁州司馬　呂樹人字棫林居王聖堂

孫韞輝字丹林居甘霖鎮　吳佐清字蘭軒居棠溪

俞嗣曾字少魯居蒼巖　馬芬桂字月藥居西山樓

周紀勳字芍軒居開元選用縣丞　呂岳孫字月橋居雅安選用府照磨

例貢

明

韓昹字景昭　張簡字克大入監

鄭疇居德政鄉長橋淮安府長史　鄭仁愈居德政鄉

鄭應韶吏目　宋鷳居西隅順國之後入監善書法

鄭瑀居東隅　孫瀾居東土鄉經歷

董策

葉世鎬 居五都入監

邢德賞 居三十八都

喻思侶 思化弟

喻安情 思化次子見義行傳

竺治 居八九十都

尹立楨 居東隅

王敬弦 字毅之由庠生入監考升上舍

國朝

葉朝諫 見宦蹟傳

尹艮逢 奎之子吏目

尹如玉 惟直姪

尹如泉 惟玉從兄

應載道 居二十四都

喻思儉 思侶弟

張志穆 升信孫入監

裘紹烓 見孝行傳

周石開 字先之孕□子由上舍薦隱居不仕

葉朝忠 見義行傳

周組佩居開元鄉　婁沛教諭
袁增緯居上碧溪　張廷傑字懋德居積善鄉任山西朔州左堂
尹遠望字渭佐居東隅　喻大厚字坤如居西隅
張佐字簡我居張家　周逢愷字和甫居開元
董三重字有章居芝塢山　尹遠服字誠悅居東隅
尹嗣彥字廷紹居東隅　葉湛露字康侯居葉家
丁懋松字子貞居過港　周熙灝字朝瑞
張翟起字旌若居張家　張翔起字鳳遷居張家
張我弓字汝博居寶溪　徐思恂州同
尹萃禎州同見義行傳　尹益州同

宋來復州判　喻大基州同

史起業州判　章承謨縣丞

蔣　鏐縣丞　章　巽吏目

徐遵范州同　宋驥德州同

王時泰主簿　袁生范州同

馬祖悌州同　龔廷繡州同

謝和衷縣丞　章國正州判

馬元日候選未入流　崔南山居過港

張錫爵字介年居張家候選吏目　周貴玫見義行傳

馬宗倌欽賜貢士見義行傳　錢永頌見義行傳

汪本源居東隅　　周應運居開元鄉

裘韶振字誠美居崇仁　　金廷山居孫邨

崔貽穀居過港主簿　　周賢乾居開元鄉

張永清州同　　馬培三居馬家縣丞

錢　豪見義行傳　　喻大中見義行傳

陳文淵候選從九　　陳德產居宋邨

秦　涵居東隅　　馬有燧居馬家州同

錢　鶴居長樂鄉　　錢　敏居長樂鄉

裘　坎字水瞻居崇仁　　吳兆魁字克敦居棠溪州同

任開周居下安田　　葉文葵居葉家

魏輔旲 居湖頭

馬明倫 字敘彝居馬仁邨

周藏用 居開元鄉

金期德 居東山

商尚德 字繼思居沙地

吳肇奎 見義行傳

王啓豐 見義行傳

趙桂 居花田

錢煥 字子章居長樂鄉

竺夏若 見義行傳

俞睿庭 字悟齋居蒼巖

王澍謨 字可式居孝嘉鄉

郭萬年 字倬亭居石碑

周明就 居上宋

馬彭統 字綱學居孝節鄉

沈鶴林 字喬如居沈家灣

馬作棟 居五十四都

錢珍 見義行封蔭

周大業 居開元鄉州同

商慶鼂 居繼錦鄉布政司理問與修府學

周咨度候選從九　　俞文孝見義行傳

錢明廣字芳譽多義行居長樂　　張祖良居沙園

魏　詩字麟書居湖頭州同　　裘　巽字鳳瞻居崇仁鄉州同

俞景椿字肅齋居蒼巖　　吳之渭字德岡居棠溪

竺從雲字龍章居靈岩　　袁邦彥候補從九

童方谷居下王　　丁兆蘭字成芳居丁家

唐榮第字錫享居唐田　　張文治字允堯居富順

樓世臣居樓家　　裘　坤字地瞻居崇仁州同加同知銜見封

蔭　　邢　模見義行傳

馬紹光見方技傳　　鄭　蘭字馨堂居東陽候選州吏目

向廷章　候選從九
周玉山　字醖藩居開元候選從九
馬紹堯　字素瀛居馬仁鄉見封蔭
張際春　居上林候選州吏目
史善同　候選從九
張本剛　字可任居張家
裘錦　字道鑑居崇仁議敘經歷
黃鳴岐　字啓鳳居宮順
張謨　見義行傳
樓仁炘　字和亭居樓家布政司理問

周彝　候選從九
金玉昆
裘怡護　字芳和居崇仁候選從九
鄭葆　字雲山居東隅布政司理問
金有鐸　字春士居東山候選從九
汪天棓　居東隅候選從九
張運泰　字階平居上林州同
樓登高　字怡軒居樓家
支公翰　字鳳池居支鑑路
裘觀海　字會川居崇仁鄉

沈　琳字禊亭居德政鄉候選從九　樓　璨字仁玉居樓家

錢　琮字章璜居苦竹溪見封蔭　馬錫麟字志昇居馬仁都議敘布政司理問

以上道光李志

仕籍凡不由選舉而入仕者未入流以上皆載之其年遠難稽者姑闕

明

竺　盛福州同知見義行傳　劉性傳肇昌知府見鄉賢傳

尹正善居東隅芮城典史　李輔仁居靈山鄉黃梅丞

吳夢熊三界人入山陰學洪武中登鄉貢劉基薦爲本府教授章信宗題其額曰入越名儒

竺均禮居十八都續詩稱旨東莞丞　竺　椿湯溪知縣

厲文義居西隅由吉水丞陞刑部主事　竺　原居十八都米脂典史

楊孟溫 居清化鄉太興丞

王疇 居羅松鄉漳浦丞

高繼祖 居昇平鄉官北直邢臺縣丞

何昂 居崇仁鄉武平典史

錢世莊 延平府主簿

錢羅 南京倉大使

陳叔遷 居三都海陽丞

陳叔權 遷之弟懷甯縣尉並見鄉賢傳

李時通 懷甯典史

裘巽 居崇仁鄉太倉衞經歷

周泮 居西隅山之子南京衞經歷

周浩 居西隅巡檢陞倉官

裘讓 竹崎所巡檢

施治 居五十二都巡檢

夏時 增廣生居西隅兩京豹韜衞經歷

周瑾 居開元鄉歸善河泊所

謝榮 居清化鄉臨朐主簿

楊炎 居崇信鄉文安典史

周宸 居五十四都皮作局大使遷巡檢

孫平 居八九十都丙字庫大使

尹孟政居東陽龍巖丞周志作尹政　魏　鵬居四十六都倉官

單思浩居忠節鄉晦溪莊同安典史　宋　徽居四十七都長安丞

錢　輔居四十一都阜城丞　李　俊居八九十都巡檢

楊　榮居五十三都徐州倉大使　戈　剛池州倉官遷湖廣河泊所

杜　珝居三十九都清流主簿署縣有聲　求與成居五十二都白石巡檢

江應時居筮節鄉白巖巡檢周志作白石　張　炅居四十七都淮安鹽課大使

王　昂居小柏由除門巡檢陞惠安丞　吳　滄居四十七都常州河泊所

王　皎居十四都贛州衛經歷有節操　馬　確居十四都倉官陞巡檢

吳　文居四十六都倉大使　徐　敏居二十五都邵州倉大使

應　昉居二十四都廣西巡檢　孫　鏗字廷武倉大使

徐庭邦居遊謝鄉益王府典膳

陳豪雲南斷事司吏目

署縣事李志作周南今據周氏譜改

姚順居十三都巡檢

邢伯韶居太平鄉通州衛知事陞開州州判官

何泠居二十四都貴溪驛丞

史培居清化鄉龍江驛丞

史葭居清化鄉清流主簿

葉璊居五都長樂巡檢

李河居西隅泉州府知事

任程居二十二都就職八品見周志

周諭居開元鄉授贛榆縣丞補貴溪縣丞

張河居四十八都廣東倉大使

竺翰居十八都倉大使

周謂王府典膳

史琉居清化鄉江浦主簿

俞晐居五十二都應山典史

唐昱居十七都廣積庫官

求孟信居四十七都倉大使

張時通居四十七都崇明倉大使

袁英 居四十六都草場大使

葉景 居五都倉大使

錢薪 居璚田里青田縣知縣

王溫 增廣生常化縣丞

丁偉 哲之子南京兵馬司

孫謙 居五都諸城縣丞有政聲

王淵 見鄉賢傳

王椿 溫之子歷任遼東雲南四川衞經歷

周沛 山之子河南伊府經歷性嚴毅慎重四署縣事有政聲

周浩 居西隅廣西平樂府富川縣主簿

周簡 增廣生居西隅江西新昌縣主簿居官六載慎守不苟

鄭本恩 甘肅右衞都事

邢崇道 萊州掖縣丞

邢純 吳陵巡檢轉汀州經歷

夏思明 居西隅益王府典膳

周用 庠生居西隅柳營巡檢廉直守法

袁存達 福州府知事

裘鳳翙 居二十九都海門主簿署眞州縣事

汪宗明居五十五都德安所吏目　王杞采石驛丞

俞秉遠居五十二都豐城典史　董洋居五十六都順德縣丞陞經歷

尹良望居東隅楊州巡檢　王樾吉水驛丞陞陜西倉大使

葉世鍔居五都四川吏目　韓撫民居十四都巡檢

孫國治廣西巡檢　王道見武職

胡梅居東隅饒州千戶所吏目周志作胡栴

裘嘉棐黃岡巡檢　周書居西隅王府引禮

唐福居東隅建平縣丞　王邦傒居孝嘉鄉番禺主簿

鄭朝新崑山主簿　杜德輝民表子銅梁主簿

孫惟晟名國昌以字行鳳陽留守左衛經歷　尹惟直居東隅溆浦主簿

胡璘　輸之子丞州判官　宋袞　增廣生廬陵巡檢

孫賓　增廣生太平府獄官　袁大志　增廣生京庫大使

周汝强　諛長子增貢生任南京贓罰庫大使著有四賢記膾炙人口

劉瀚　性傳裔濟南通判　周汝思　諛次子邑庠生六安州軍儲倉庫使

宓柱　居十七都泰和主簿　王蓁　居十四都鸞湖驛丞陞倉大使

鄭甯　倉大使　錢大德　居五十五都宣城縣巡檢

丁僅　居東隅溧陽主簿　宋允仁　居西隅進賢主簿

尹如度　奎之孫由宜黃丞歷任邳州同知　李燮　居西隅

吴有守　居德政鄉鳳陽吏目陞蜀王府典膳獨修紹興府鎮東閣

王三德　居東隅鄱陽典史　俞汝明　居五十二都奉新典史

俞汝悌 襄城典史
藝稱嘗捐
義學田
聲
王三術 海陽主簿
鄭可立 居東隅鹽場大使
童惟亮 居十八都九龍驛丞
山兩邑歷遷夔州
府知府所至有聲
喻安盛 居西隅倉大使
袁日宣 居西隅贛州倉大使
三解邊餉以賢勞聞隨擢縣
事轉顯陵衛經歷有能聲

竺振聲 居十八都裕州吏目署知州事以文
王嘉衢 居東隅河南府知事署登封縣有政
宋允雍 居西隅清流主簿
趙時登 居東隅由主簿陞大甯衛經歷
史秉直 鹽場大使
吳守信 居五十五都夔州府照磨署奉節梁
裴良鵬 居崇仁鄉益州巡檢
尹可秀 居東隅都水司稅課大使
高希元 居渡南淮安鹽場大使陞甯鄉主簿

王萬鍾居西隅廣州倉大使　趙子經居東隅霍山典史

丁祖明居東隅鉛山丞陞經歷　徐大經居遊謝鄉臨清衛經歷

董師孟泉州鹽場大使　徐大學居遊謝鄉蕪湖典史

陳伯敬居三都攸縣典史　沈承詔居五十一都廣東驛丞

袁育□居西隅新城典史　姚一恭居十三都海湏所吏□

張承善湖廣巡檢　王嘉効居東隅四川倉大使

張文元溫州倉大使　任應和山東驛丞

王應觀江西遞運大使　吳大中新貴典史

葉子望濟甯州吏目　鮑世經盱眙主簿

宋學敬居西隅河南縣尉　竺萬年居遊謝鄉惠安主簿有政聲

陳尚聲 歷任長蘆鹽運司青州分司蘆臺大使

喻銳 居西隅泮鄉主簿　李敬 苑馬寺錄事

孫象賢 居五十六都襄陽稅課大使有才畧　尹如卓 良望子沛縣丞

孫渙 居五十五都考城主簿　鄭國賓 居東隅兵馬司吏目

裘紹燧 居崇仁鄉湖廣按察司知事　屠應鳳 居十八都光祿寺典籍

裘嘉策 居崇仁鄉貴溪主簿陞宿州衛經歷　過用澄 居長樂鄉彭山主簿陞眉州判轉五開衛經歷致仕復遷福建都司經歷以母老乞歸

趙子本 居西隅山西稅課大使

許如度 居下任里大同府稅課大使　竺立賢 居十八都南直巡檢

丁一貫 居東隅鎮南長官司吏目　舒萬言 居二十六都襄陽府稅課大使

周維溱 夏邑主簿　趙應宗 居東隅大城主簿陞經歷

張貴旻永嘉縣倉大使　丁祖科居東隅甯國府巡檢居家孝友居官

勤慎　童允中居十八都成都府巡檢

裴紹啓居崇仁鄉陝西斷事司吏目　鄭佐均州吏目

沈濂廣東巡檢　尹可功居東隅吳縣巡檢

王應祖居東隅神武衞經歷　王守賜淮涯所吏目

過用鼎居長樂鄉瓜州巡檢　魏鎡居笠節鄉廣信府知事

唐宗仁字廷榮居下唐莊贛縣縣丞以清節著

高希祓字汝光居渡南藍口巡檢有平寇功陞河源主簿攝縣事

高希立字秉中居渡南本府知印考授州同　吳泳居西隅徐州倉大使

周有源居西隅貧而能孝爲兩弟完娶併撫其子補江浦巡檢以廉幹稱

茹元和　居浦口江西巡檢　　茹萬里　居浦口巡檢

袁祖謨　居西隅崎山巡檢陞孝感主簿　　王友廉　無錫典史

竹光卿　居東郭廣東巡檢陞高要知縣　　唐天爵　居十七都唐田稅課大使

鄭純仁　居五十五都如皋典史　　裘見榮　居東隅安福典史

宋裕迪　居西隅廣信府照磨　　過用清　居長樂鄉德安經歷

袁祖賡　居西隅新繁主簿　　尹立覺　居東隅長沙丞

鄭自强　化鱗子忠州同知陞福建按察使經歷有學行

裘允昌　嘉策子歷光祿寺掌醢署丞陞直鎮海衞經歷

俞樹庭　居前岡任教諭　　袁秉常　居西隅吉安府經歷

周奇芬　居東隅化州同知工書畫　　周嘉禎　居開元鄉溧水主簿

馬良賓 壽張丞署縣事

高鶴鳴 字永圖居渡南岸生奉魯王詔勤王官後軍同知都督府事見義烈傳

裘士標 字咸若居崇仁律例館吏員任福建泉州府永春縣縣丞

國朝

馬　壯 居東隅樂陵典史

宋文象 居西隅積慎庠人使歷池州巡檢

張　昇 字惟元居永富鄉由文學隨征任福建南安縣教諭補合肥丞署縣事有政聲

尹有禎 字綏之居東隅由文學隨征授廣東清遠衛經歷委署臨高陵水二縣

吳自性 字行之居崇溪蘄州州判陞山東布政司經歷薦授秦州知州卒於官士民立碑於墓歲時祀之

趙宏緒 見義行傳

陳錫輅 見宦蹟傳

商　書 字響意盤弟諸生官定番州吏目

商瑮　字黍華曹縣知縣工詩其稿多佚

蘇澄　松江同知

馬作楫　署大名縣丞

陳之銓　字章傳錫輅長子任平魯縣調介休縣歷建甯府同知特授泉州府知府調甘肅鞏昌府歷鞏秦階道甯夏兵備道特授安肅兵備道誥授中憲大夫

陳文緯　字素章錫輅三子任安化縣調江夏縣陞開封府同知調光州知州歷署衛輝汝甯河南知府授開封府知府陞開歸陳許道河南按察使山東布政使調山西布政使兩次護理山西巡撫事誥授中奉大夫

陳文興　錫圭子仁和訓導署富陽教諭

陳文浤　字燧章錫輅幼子任武安縣知縣署崇山知縣題授崇甯知縣歷署漢州知州石柱廳同知

高克思　由吏員考授巡檢

高天壽　居渡南由內務府考授吏目

高心溥　由光祿寺堂書考授巡檢

周貴瓚　字中元居開元鄉東鹿知縣

盧　杰字模一居焦邨靖州吏目　盧光燮署閩縣丞調高才坂巡檢

周嗣業居開元鄉雲州吏目署昆明縣尉　周燮臣居開元鄉西華典史歷署裕州許州

吏目

俞　丙居蒼巖貫溪丞

尹大謙安州吏目　鄭秉倫居五十五都廬陵典史

趙　均歙縣丞　錢國鈞候補巡檢歷署普定畢節等縣典史

陳長齡文緯子三品蔭生捐補員外郎　陳汝立之銓孫武遷典史

陳家齊文滋子河南府經歷　陳三壽文滋子獲嘉縣丞

周　恩字恩覓居開元鄉祁州吏目見封蔭　沈　坎字剡江居東隅歷任臨淮巡檢含山

運漕巡檢

馬　鑑字金生廣東從九

陳　鼎文緯孫信陽鹽場大使　錢豫豐字豫菴居長樂鄉封川知縣

沈開第字登科居東隅安徽試用主簿　陳光曙家齊子王蒲司巡檢

陳玉章文興子江西按察司司獄署司經歷　陳　鼐三品蔭生修仁知縣

周之鏞字西樵居開元軍功欽加同知銜廿攝江西信豐縣篆

裘義成見宦蹟傳

陳　坦字鳴岡居西隅署大龍巡檢有惠政民爲立祠

趙錫三字槐堂居東隅山東從九　陳保昇家齊子山東分縣

俞士英字理閣山陰籍居東隅山西蒲州府永濟縣典史歷署解州吏目五臺山巡檢按察司照磨太原府倉廳河東長樂司巡檢兼理永濟縣丞蒲州經歷

趙含章字獻亭居東隅任山西絳州稷山縣典史

袁章緯字映辰居東隅歷任龍溪縣石碼祥豐浯州蓮河鹽場司有德政碑縣北汰鹵郵有生祠

沈　謙 字勤齋居裏坂鹽場司　沈守愚 任安徽潁州府經歷署渦陽知縣

張福安 字卓齋居清水塘湖南候補縣丞署長沙府善化縣知縣

裘應覲 字仕岳居崇仁福建長泰縣典史　馬先魁 字吉堂廣西桂平縣穆樂墟巡檢改山東候選縣丞　馬之駿 雲南鎮雄州吏目

裘　錦 字道鑑居崇仁內閣供事授甘州府經歷

沈　震 字行標居裏坂開封府密縣典史　沈　錦 安徽天長縣城門巡檢

俞　堃 字毓峯山陰籍候補縣丞保陞知縣歷署隰州吏目蒲縣知縣蒲州府經歷臨晉縣知縣

裘萬清 字亦彥軍功五品銜咸豐已未江南鄉試幫辦受卷官署鎮江經歷吳縣丞攝光福巡檢

裘印辰 字愷龍居崇仁直隸候補同知署天津府蘆台通判

史　撰 居崇仁四川嘉定府洪雅縣典史　吳金暉 居棠溪署安徽定遠縣池河當塗縣

釆石分司

陳玉棠　字寶圃居陳郵直隸候補縣丞加布政司理問銜保舉以知縣用

陳本　字立齋居陳郵由縣丞保舉知縣賞戴藍翎

陳景芳　字治堂居陳郵同知銜署束鹿縣知縣

陳斯檠　景芳子字幼溪知州銜任順天懷柔縣知縣

陳燮昌　字秋帆居陳郵直隸候補主簿

陳斯陶　字仲甫居陳郵候選兵馬司吏目

沈均　字雲臺居前與河南布政司經歷

沈金鑑　均子六品頂戴任山東益都縣丞

錢光鼎　世瑞子字鼎卿江蘇候補同知

徐春榮　字杏林居白巖花翎運同銜江蘇即補同知直隸州

陳爵之　字鳳飛居城坊江西候補縣丞加藍翎同知銜

陳嶹　字蓉橋居莊田安徽候補從九

保舉

馬　炯　附生字斐亭居馬䣛由縣丞保舉知縣加五品銜

黄　晃　字廉堂居穀來由貢生軍功保舉縣丞

馬　烜　字雪堂居城后由廩生軍功保舉訓導

馬鏘鳴　字伯蔭居城后由附生軍功保舉訓導

龔　釗　字竹林居崇仁由軍功保舉縣丞賞五品頂戴

徐春暄　字長林居白巖六品軍功候選從九

林景和　字衡齋居下林由從九保舉縣丞

杜寶田　字也香居杜家堡由附生軍功保舉訓導

丁敬仁　字機圃居過港由附生保舉訓導

周秉三　字月江居上成莊由附生保舉訓導

黄佐鉞　字卓齋居新建由監生保舉從九

吳毓桂　字郇初居棠溪由監生保舉從九

丁覛嵩居過港保舉從九

陳基裕字立齋居蔣家埠保舉從九

錢潮居長樂保舉府照磨

馬陽春寄籍會稽選用未入流

馬先化寄籍會稽選用未入流

職銜

裘怡藩字翰屏居崇仁國子監典籍加同知銜

俞丹書字存齋居蒼巖國子監典籍見封蔭

俞鏊林字翰國居蒼巖國子監典籍

裘怡棻居崇仁國子監典籍見封蔭

呂國勳字建三居王聖堂國子監典籍

錢之江字錦濤居長樂布政司理問誥授通議大夫見義行傳

錢沛字錦江同知加運同並加三品銜

魏謨字備甫居白泥勷州同

魏承烈字瑞峯居白泥勷布政司理問

魏承業字肯堂居白泥勷國子監典籍

邢鳳丹　字桐君居沃磯國子監典籍

魏春臺　字蹟溪居湖頭州同

裘覲風　字禹門居崇仁國子監典籍

林東山　字小野居下林吏員加五品銜

錢昌鎔　字華三居長樂州同

裘標成　字伍樹居崇仁布政司理問同銜

邢遵聖　國子監典籍

錢肇昌　字錦波居長樂光祿寺署正

邢沛　字問樵居沃磯州同

樹　字寅初居石舍光祿寺署正

魏羽儀　字鴻飛居湖頭光祿寺署正加二級

周丞　字樂庭居開元布政司理問

張錦清　字蓮舟居沙園布政司理問

錢昌介　字子豐居長樂布政司理問

沈鳴鶴　字馨山居溪灘儘先選用巡檢加州

趙晉卿　布政司理問

魏儒進　字雲山居湖頭州同

邢浦　字象成居沃磯州同

竹鑑　字錦軒居仁邨布政司理問

錢榆字懋倫居長樂州同銜

裘望初字愷蟾居崇仁布政司理問

竺月清字渭松居阜山州同

單禮任居水口州同

魏禮孔字彪岡居湖頭州同

陳之英字鳴齋候選分縣

丁堯佐字贊卿居過港翰林院待詔

孫明校字泮林居珠溪布政司理問

錢瞻岵州同

裘鏡清字德林居崇仁國子監典籍加六品

呂宗望居后宅州同

袁秉訓字亦江居碧溪中書科中書

竺文煥字雲龍居厚山州同

童步洲居下王布政司理問

周大鏞字協臣居西隅州同

陳鑑字雲齋居陳郝州同

吳光煦居棠溪布政司理問

張謙州同

黃堃字雲卿居穀來州同

丁勳 字舜年居丁家布政司理問　樓偉人 字仁見居樓家國子監典籍

馬錫華 字篆香居馬仁邨州同加五品銜　魏汝枚 字福城居湖頭州司馬

錢旺道 字小堤居長樂國子監典籍　馬宗漢 字雅庭居馬仁邨州同

吳道楷 州同　裘廷組 字愷愉居崇仁布政司理問

馬在垌 字星洲居馬仁邨州同　馬儀漢 字西苑居馬仁邨州同

吳道蘆 字春樵居東隅州同　吳熙 字昂千居三界州同

童高 州同　錢振珮 字春濤居長樂光祿寺署正加同知銜

任耿 字華越居石舍州同

樓日岑 字後基居樓家州同　張名江 字春溪居沙園光祿寺署正

童步瀛 居下王州同　俞汝言 字寶溪居蒼巖布政司理問

孫廷孫字顯庭居孫峽州同 袁才敏居孫嶴布政司理問

袁才捷居孫嶴布政司理問 笠廷魁居厚山國子監典籍

武職

宋

張景夏武翼郎充御前監制軍器 裘貞潘郡馬

章霓字望之居遊謝鄉山冒臨尚壽交部七成門乙丑贈忠獻侯

元

金敏慶居雅堂岐潘郡馬

應源達見義行傳

明

邢應麟居太平鄉元季擾亂糾集義兵捍衛鄉里明興率衆歸服授海甯指揮使世襲千戶

魏謙甫居筮節鄉幼嫻技勇明師取暨州遂歸之授昭信百戶累官信武將軍河南路統軍使防禦海道兼管市舶司鹽事

周　欽洪武間襄陽府殿下校尉

邢復初應麟子襲千戶戰死黑松林

周景初居積善鄉有勇畧洪武二十三年補前衛軍勦叛有功陞虎賁右衛百戶永樂初征交趾卒子通襲

周　錚居西隅任台州兵巡道守備

邢越童復初子襲千戶

姜彥彰從山西平陽衛戎伍征雲南有功累陞本衛副千戶

黃佳二居東隅充永平衛軍以進征有功累陞本衛千戶子王襲永樂間調武城衛弟源襲改景陵衛千戶授武畧將軍僉事子聚襲陞貴州都司子溙襲

王　敏居昇平鄉進征有功授清平衛指揮

王岑六永樂元年以軍士擒獲奸叛陞校尉

尋陞龍驤衞百戶

謝時通居清化鄉性敏嗜學永樂十七年補錦衣衞校籍嘗從征討有功授鎮撫緝獲叛首陞正千戶周志作謝通

商源居崇信鄉正統四年從沅州衞戍伍調征雲南叛寇有功授本衞副千戶弟沅襲

王玘居積善鄉成化間授錦衣衞百戶

王道居靈芝鄉嘉靖間以吏員授廣東平海衞吏目委勦山寇有功陞龍川守備加都指揮使文官改武自道始

周成紈嘉靖間以軍功授把總

周進輔嘉靖間以軍功授武毅校尉

邢體善潮陽水寨把總

俞世隆居十八都萬歷間從戚繼光征討敘功授紹興衞指揮僉事

呂一端居遊謝鄉萬歷間由行伍授把總

史上鎰萬歷間授台州副將

邢禹兕密雲下總

邢爲本大同領兵把總

呂振遠居遊謝鄉萬歷間由行伍授舟山把

總

俞宗德居十八都授紹興衛鎮撫

丁國用見忠節傳

邢于祉甯波把總

周繼雲

童惟基崇禎間由將材拔授揚州江防守備

馬　騰居五十四都崇禎間由材勇歷官徐州總鎮中軍參將加副總兵

童惟封崇禎間由將材授守備陞雷廉都司

錢榮德居長樂鄉由行伍任象山把總

夏　名佚崇禎間由將材授昌化鎮黃花路守備

張拔鼎居永富鄉由行伍加所鎮撫

錢茂權見忠節傳

錢榮朝守備

錢亘璉從戚繼光勦倭授千總

錢伯彰以勦寇功授總兵

國朝

周廷輔字君榮官總兵掛印總兵官勦禦山海都督同知總

周貴麟處州衛千總

尹　瑢居東隅捐衛千總

樓　鳳居樓家捐衛千總

裘應晉居崇仁江南徽州屯田守備

錢耀光字景棠居長樂守禦所千總

呂熊飛武生捐營千總

李士彪由紹協左營六品銜賞戴藍翎

姜君獻字軼簡居清化鄉由文學上策勅授

史起環原名童志由行伍有戰功任台州千

史宗輝紹協左營轉右營

錢　珩武生字楚玉居長樂鄉捐衛千總

徐　綱居胡邨橋捐衛千總

吳之源字德培居崇溪捐守禦所千總

裘應賓居崇仁淮安總漕提塘

錢　銳居長樂衛千總

徐嗣玉六品軍功以把總拔補賞戴藍翎

童寶山居裏坂由軍功保舉紹協左營五品

銜賞戴藍翎

平望陣亡

封蔭

宋

求從信 以孫移忠贈朝議大夫

張文叔 以子子襲贈承務郎

周　奭 以孫忠和贈榮祿大夫

周謯嘉 以子忠和贈三司大將軍

明

高　禧 居昇平鄉以子如山贈文林郎晉封中奉大夫

鄭邦賢 以孫貞贈中憲大夫

丁熊兆 字仁圃居逌港武生保舉衛千總

求　顯 以子移忠贈朝議大夫

求多譽 以子揚祖贈朝請大夫

周蘊夏 以子宗贈亞中大夫

鄭　乾 字思恭以子貞贈中憲大夫

鄭鏞字允聲居德政鄉以子疇淮安府長史贈奉政大夫

鄭雙山居德政鄉長橋以子化麟廣信府同知贈奉政大夫

王胥道以子以剛贈南京工部主事

張堅以子政贈中書舍人王府審理政見文苑傳鄉賢傳

董和以子子行贈監察御史見鄉賢傳

周謨以子汝登贈光祿寺卿

周通以子粲贈文林郎

王鈍以子暄贈南京禮部郎中

張胄以子世軒贈中憲大夫臨安府知府

喻袞以孫安性贈資政大夫兵部尚書見政

喻思化以子安性贈資政大夫兵部尚書

王尚德以子應昌封奉直大夫定番州知州

周河以孫汝登贈光祿寺卿見義行傳

王應昌以子心純贈奉政大夫

章志仁以子信宗贈宣儀中順大夫

周尚輝以子諭贈修職郎

周敬範以子邦銑贈修職佐郎

周邦佐以子維幹贈修職郎

周子信以子家俊贈文林郎

吴愷以子公義贈奉直大夫

張照以子邦信贈承德郎刑部主事

裘曰麟以子仕濂贈文林郎廣西道御史

裘嘉策以子允昌贈光祿寺署正

裘紹烓以子組贈奉直大夫江南壽州知州

國朝

商洵美以孫盤贈翰林院編修

商元柏以子盤累贈中憲大夫

吴調元以子光廷贈文林郎

鄭漢愉迪功郎以孫文蘭贈文林郎

鄭粱傳以子文蘭贈文林郎

高希貞庠生以孫克藩貤贈文林郎晉封奉政大夫見孝行傳

高衡字永憲歲貢以子克藩贈文林郎晉

封奉政大夫

高徵 庠生字永維以孫紹忠封武德將軍

高克順 太學生以子紹忠封武德將軍

高克廣 廩貢考授國子教習以子紹圓封徵仕郎

魏鏞 以孫敦廉貤贈奉政大夫

陳化育 庠生以孫錫輅贈中憲大夫曾孫之銓文緯累贈通奉大夫

陳翰 郡庠生以子錫輅贈中憲大夫孫之銓文緯累贈通奉大夫

尹遠服 以子大謙贈登仕佐郎

陳錫輅 以子之銓文緯累贈通奉大夫

周九齡 以孫際昌貤贈文林郎

周亮家 以子之駿贈修職郎

周綬佩 以孫貴瓚貤贈文林郎

周鳳岡 以子際昌贈文林郎

周貴玫 以子大用贈修職郎

周逢㦗 以子貴瓚贈文林郎

周貴玢 以子嗣業贈登仕佐郎

張廷傑 以子書紳贈修職郎

陳堯仁以孫綱貤贈武畧騎尉　陳奇以子綱贈武畧騎尉

裘炳庠生以孫坤貤贈儒林郎　裘克配附貢生以子焜坤封儒林郎

裘涉庠生以姪國元貤封武德騎尉　裘淵庠生以子國元封武德騎尉

張月鹿以子基臺贈修職郎　裘健庠生以姪怡荆貤贈文林郎

裘坎貢生以子怡荆封文林郎　裘艮附貢生以子怡蕙封修職郎

裘兆麟以繼子曜贈武信騎尉　裘兆鰲以子曜贈武信騎尉

張聰庠生以孫琮贈奉直大夫　張永清以子琮贈奉直大夫

喻大中以子萃贈修職佐郎　周藏用以子恕贈登仕佐郎

宋家培以孫仁華貤贈文林郎　宋敦粹以子仁華封文林郎

王學立以孫景章貤贈奉政大夫　王忠亮以子景章封奉政大夫

喻經邦 廩貢以子道鈞贈修職郎
邢處清 字鳳山以子復旦封文林郎
邢知甫 字師陶以子照封修職郎
周宗濂 庠生以孫華齡貤贈文林郎
周奉璋 增廣生以子華齡封文林郎
裘玉章 試用訓導以子錦贈修職郎
周愛棠 庠生以子松齡封文林郎
魏謙 字咸尊以子懋昭封修職郎
魏雨沾 字寰豐以子敦廉封奉政大夫
張和 歲貢以子景星贈翰林院庶吉士
張永裕 以繼子景星贈翰林院庶吉士
王麟書 以子夔封文林郎
錢江 鄉賓字萬超以子世瑞封中憲大夫
錢萬獻 字文候以姪世瑞贈文林郎
丁進良 以子封三封修職郎
錢珍 貢生以孫沛封通議大夫
錢釗 附貢以子沛封通議大夫
裘坤 州同以孫銘成貤贈奉直大夫
周恕 祁州吏目以孫之鏞貤贈奉政大夫
周東澗 國學生以子之鏞封奉政大夫

裘成忠以孫嗣錦贈朝議大夫

裘經國國學生以子嗣錦贈朝議大夫

錢宇美太學生以孫維翰貤贈朝議大夫

錢琮貢生字懷璞以孫沛恩貤贈朝議大夫

馬紹堯字明川以子錫華贈五品銜

喻之杞字樹南以子坤贈修職佐郎

任雲峯國學生以子湘貤贈修職郎

吳金科庠生以子光煦封奉直大夫

吳金和庠生以繼子光煦封奉直大夫

裘怡蕖訓導以子鎔成封奉直大夫

裘怡蒸字瑞和以子瀛成封修職郎

鄭鏞字牧莊以子宗濂贈修職郎

丁集國學生以子敬書贈修職郎

黃克中以孫雄飛贈武德佐騎尉

黃紹坤以子雄飛贈武德佐騎尉

范廷獻以孫振標贈武德佐騎尉

范道立以子振標贈武德佐騎尉

呂錫璋字栗齋庠生捐授府知事以子芬贈修職郎

俞丹書國子監典籍，以孫汝言贈儒林郎　俞作淲以子汝言封儒林郎

裘發祺以子釗封修職郎　魏敦貞字介菴，以婿吳光熙貤贈修職郎

史淵以子撰封登仕佐郎　陳世英庠生，字卓齋，以孫斯槃贈奉政大夫

陳景芳以子斯槃封奉政大夫　裘震元國學生，以子萬清封奉直大夫

呂永和以子潮封修職郎　邢啟强以子匡國贈徵仕郎

裘恒紹以子印辰封奉政大夫　吳聲文字嶔齋，封六品銜

姚建功居晉溪，以子宗華贈修職郎。以上封，以下蔭

宋

趙仕實以祖父蔭官至開國侯，見寓賢傳　竺晟以父簡蔭補著作佐郎。按簡，河東人，紹興初扈駕南遷，遂居剡

錢垩以祖蔭補越州司馬參軍，見寓賢傳

姚　寬以父舜明蔭補官見鄉賢傳

求多聞字守約以父移忠蔭官寶應縣主簿

求多見字守道以父元忠知明州捧表恩補將仕郎累官溫州知府太僕寺丞左朝請大夫致仕

求多譽字守實以父元忠溫州知府恩補將仕郎除淮南轉運司幹辦致仕　按進士內元忠知衢州臨安而多見多譽何又以明州溫州恩蔭也此類舛錯甚多偶表出之

求之奇字仲穎多聞子以祖移忠蔭補將仕郎未及銓選卒

邢　詳以父達蔭官翰林承旨

趙不怎字德容仕實姪父仕補爲左承議郎

不怎以祖仲營蔭補忠翊郎官至武德大夫

呂　詢祖璟子以蔭補浦城縣丞詢之子慶亦以蔭補南豐主簿

周之栢字有道以父汝士蔭補將仕郎累官鄂州觀察使承直郎

求興祖字子發以祖元忠恩補將仕郎累官開禧丁卯卒鄂州通直郎溫州司法

求承祖字子紹以祖元忠恩補將仕郎遷監

察御史賜緋魚袋歷朝散大夫兵部郎中賜金魚袋知湖州除沿海置制司參議

黃頤 以父濤蔭官宣議郎子貴晉中奉大夫

呂汝霖 以父諒蔭補將仕郎

求昭祖 字子明以父多見恩補將仕郎累官福州司理致仕

求揚祖 字仲舉以祖元忠恩補將仕郎除御史歷朝奉大夫通判潭川軍事知台州致仕

史仕通 字國用鄞人父必裕開禧三年鄉舉官至金華知府秩滿道嵊愛山水佳麗因家於積善鄉仕迪以祖文侯恩補承務郎紹定四年知贛縣卒於官見周志

求師說 字巖卿興祖子以祖多見蔭授成都提舉司幹官遷淮東置制司幹辦

求倬 字漢章以祖多見蔭補將仕郎改授仙居主簿遷文林郎撫州軍事判官

求作德 字德夫以父揚祖恩補將仕郎累官承直郎奉化縣丞

商維新 又新之兄以祖蔭授台州司戶

童　驥　郡馬覓之子蔭補重慶府判朝奉郎南宋□熙時自台州徙剡之四十一都長樂莊

錢　植　字德茂婺州推官介之之子以蔭補

周　濬　以父忠和蔭官中議大夫

求得宜　字行甫以祖承祖蔭補將仕郎累官岳陽節度推官

求　循　字艮夫得宜子以曾祖承祖蔭補將仕郎累官承直郎僉判衢州軍事致仕

張元卿　□祐六年以父愁授宣州文學八年授迪功郎新建縣主簿

明

韓　嶧　字允暘以父宜可蔭歷官雲南參政自山陰遷嵊十五都靈鵞里

周孕褒　字無執以父汝登蔭歷官刑部雲南司郎中

邢復初　以父應麟蔭襲千戶戰死黑松林

邢越童　復初子襲千戶

喻允瑛字席茲以父安性蔭歷任南前軍府經歷嚴覈世胄夙弊一清生平有行誼貲於旅寓貸金完八夫婦

童如壽以父維坤蔭襲三江所百戶

國朝

陳長齡以父文緯三品蔭捐補員外郎

陳鵾以祖文緯蔭朝考一等授廣西修仁縣知縣

錢光鼎江蘇候補同知以父世端蔭世襲雲騎尉

陳錫祚以祖德光蔭候選主簿

裘引初以父省成蔭世襲雲騎尉

裘獻瑞以祖永初蔭世襲雲騎尉

陳慶桂以父世昌蔭世襲雲騎尉

宋世言以祖運周蔭世襲雲騎尉

邢慶瀾以祖燦蔭世襲雲騎尉

張名芳以祖容蔭世襲雲騎尉

尹天傑以父貞蔭世襲雲騎尉

郭世安以父誦芬蔭世襲雲騎尉

張汝承以祖福星蔭世襲雲騎尉
周友誼以父肇嘉蔭世襲雲騎尉
施慶萃以祖乃溥蔭世襲雲騎尉
潘恩榮以父振治蔭世襲雲騎尉
吳敦安以父湘江蔭以縣主簿用
孫亦沾以父雲標蔭世襲雲騎尉

嵊縣志卷十二終

續輯

增貢

裘道經居崇仁　錢啟越字葒臯居長樂

劉漢佐字芾南居石硤　錢繼昌字芷亭居長樂試用訓導

裘錦文增生原名鋐安字金庭居崇仁州同　張樹勳字立莊居西隅

附貢

張譽星字嵩山居雅張

張能紹字石蓀居富順布政司理問　史善邦居浦橋

駱光華原名燮榮字雲峯議叙州同　劉　邠字從琥居石硤

吳　珊字香珊居三界州同　吳廷燮字煦堂居三界州同

劉漢昌翰林院待詔　黄景清翰林院待詔

姚澍字成川居晉溪　周人熙字稲夫居開元

邢廷燮字賡堂居南莊　裘怡芝字友蘭居崇仁州同

邢植東字蔚亭居横店分發福建典史　裘存初字愷齡居崇仁州同

錢椿字蓉堤居長樂　錢杞椿弟字義亭

裘功偉字蕙辰居崇仁　裘功浩居崇仁

竺侶生居靈鷲　魏吉辰字應騶居湖頭布政司理問

封蔭

袁維林居碧溪以孫棠訓贈徵仕郎　袁碧臣以子棠訓贈徵仕郎

再續輯 臨時隨補不及分類

黃正清 增貢字醖謙居黃箭嶺下史

夏　森 附貢字長齡居逵溪

張曰廉 附貢字振林居逵溪

俞　欽 字肅亭居蒼岩縣主簿加布理問銜

張星槎 字華軒居東隅布政司理問銜

陳國安 汝立子晉粵補用縣丞

張明禮 居龍藏山雙月縣丞加五品銜賞戴藍翎

王慶寶 居上王補用守備賞戴花翎

王蔭槐 補用千總賞戴藍翎

周　誥 增貢字曉徵居開元

周政廉 附貢字必恬居開元

嵊縣志卷

人物志

昔謝承作會稽先賢傳而越之人物著高似孫作剡錄因之而剡之人物著夫剡特越一隅耳千百年蘊靈秉異魁碩代興殆亦溪山之秀不自秘惜者歟其最上者言壇行坊出處無愧身殁祀社日衆成碑偉矣若儒而梟吏而稱治最臣子忠孝而章布沈冥者雖趣識不侔其樹立均足傳也至於一事澤於鄉一藝弁於衆善善從長附以傳焉亦可也他如名流之僑跡方外之棲眞逸軌元風林

泉生色又安得而外之而斥之耶其品題位置之
當否所不敢知亦聽諸千秋公議而已志人物第
八

鄉賢

南北朝

阮萬齡祖裕左光祿大夫自陳留尉氏徙剡父甯黄
門侍郎萬齡少知名爲孟昶建威長史時袁豹江
夷桓系爲昶司馬時人謂昶府有三素望位左戸
尚書太常出爲湘州刺史復爲散騎常侍金紫光
祿大夫萬齡頗有素情永初末自侍中解職東歸

南史剡錄　按謝靈運與廬陵王義眞牋云阮萬齡辭事就閑纂戎先業兩浙名賢錄稱爲一代高士而舊志亦以隱逸概之未盡合宜今依郡志刻鄉賢

梁

朱士明齊舉茂才後仕梁天監初授儒林博士官至吏部尚書封漢昌侯剡錄　乾隆李志今桃源鄉有朱尚書廟其地曰上朱蓋桃源鄉人也又士明於天監中進封則當爲梁人而鄉賢祠乃繫之齊豈以其初仕而言也舊志云鄉人祀於社至夜嘗有神燈出沒意必生有功德歿有靈爽者矣　祀鄉賢

宋

姚勔字輝中嘉祐己亥進士歷永康令重親猶在父母每以榮其親爲言乃請納祿以太子中允致仕

遇郊封父母父母請貤封祖父母特詔從之元祐初召爲秘書丞右正言奏御史中丞趙君錫需同俯仰無所建明累遷寶文閣待制國子祭酒請外補以本職知明州紹聖初王安石嫉言官論其阿附呂大防范純仁謫知信州論不已落職以奉議郎主管洞霄宮再貶水部員外郎分司南京卒蔡京列其名於黨人碑勅以孝行著稱每省墓素衣步出城行且泣至墓尤哀見者爲之感動 嘉泰志 按郡志作山陰人而嵊進士題名石刻載之則其爲嵊人無疑矣 祀鄉賢

姚舜明字廷輝紹聖丁丑進士爲相州臨漳主簿登

州平牟令知崑山華亭二縣遷河東經畧安撫司
幹辦公事宣和二年睦寇陷杭睦衢婺處歙六州
以舜明通判婺州遂權州事招集士卒穿賊境以
入邪晨登義烏門治城壁飛矢雨集舜明親率從
兵以石擊賊既而引兵出戰賊遂大潰又賊帥洪
載衆四十萬據處州舜明訪得其母妻令載所厚
范淵往諭載即解甲來降平賊之功於時爲冠除
直祕閣提點兩浙刑獄又爲福建提舉茶事欽宗
即位擢監察御史值楚之變舜明挺節不污高宗
初除知衢州尋提點江東刑獄建炎三年防遏盜

賊屯信州除知江州兼本路安撫制置使劇賊李成擁衆三十萬至城下舜明布列將士召募敢死晝夜接戰賊衆蹂踏不可勝計又開門奮擊生擒其將王成等賊攻益急舜明輒以計破其營呂頤浩率巨師古等銳欲解圍師古兵敗援路遂絕經冬及春饑餓枕藉將士至食妻子終無降賊意及力益困遂舉兵決戰大破賊寨以出時人謂舜明藐然孤壘制賊横潰使不轉入東南其功居多頃之召爲右司員外郎直龍圖閣發運副使還爲左司郎中復以祕閣修撰充江淮荆浙隨軍轉運使

權戶部侍郎曹成馬友據湖湘反側未定命舜明往招撫遂以二賊入朝韓世忠劉光世駐軍江上朝廷以舜明計臣俾置司建業以總經費調發犒賞百須以給總領之置自此始丐閒除集英殿修撰提舉太平觀進徽猷閣待制卒贈太師著有文集十卷奏章三卷補楚詞一卷子宏寬憲嘉泰志祀鄉賢

姚宏字令聲舜明子少有才名呂頤浩薦爲删定官以憂去秦檜當國謂人曰靖康末舜明與某俱位柏臺上書粘罕乞存趙氏拉其連銜持牘去經夕復見歸竟不僉名此老純直非狡獪者聞皆宏之

謀也或告宏宏曰不然先人當日固書名矣今世所傳秦所上書與當日持來者大不同更易其語以掠美名用此誑人以僕嘗見之所以見忌已而言達於秦秦大怒會宏調衢州江山縣適亢旱有巡檢自言能以法致雷雨試之果驗而邑民訟其妖術惑衆檜遂逮下大理死獄中宣和間宏在上庠有僧妙應者謂宏云君端午日伍子胥廟中見石榴花開則奇禍至矣宏初任杭州監稅三年不敢登吳山後調江山令自其諸暨所居赴越値大風雨憩路旁小廟庭下榴花盛開詢之則伍子胥

廟其日五月五日也會稽續志　按周志補遺宏嘗重其書以宏所註與弟寛皆註戰國策吳師道節義學問如是而不得與寛憲同祀鄉賢何謂此所宜補入於祠者

姚寛字令威以父舜明任補官少有令望初官江東按撫一時名流爭禮致之呂頤浩李光帥江東皆招置幕中傅崧卿繼至以主管機宜文字辟之辭不就崧卿移書交舊有愧恨之語秦檜執政以舊怨抑而不用寛亦不屈己求進後以賀允中徐林張孝祥等薦入監進奏院六部門權尚書戸部員外郎兼權金倉二部屯田郎樞密院編修官寛博

學强記於天文推算尤精完顏亮入寇中外皆以爲憂直云金百萬何可當惟有退保爾寬獨抗論阻止且上書執政言今八月歲入翼明年七月入軫又其行在巳巳者東南屏蔽也昔越得歲而吴伐越吴卒以亡晉得歲而苻堅伐晉堅隨以滅今敵人背盟犯歲滅亡指日可待又推太一熒惑所次寇必滅之兆未幾亮果自斃從上幸金陵以其言驗令除郎召對上首問歲星之詳寬敷奏移晷復論當世要務奏未畢疾作仆於榻前上面諭令優假調理疾愈復入對後一日卒上甚念之特官

其一子且用其弟憲於朝寬詞章之外兼工篆籀

及工技之事嘗謂守險莫如弩因裒集古今用弩

事實及造弩制度爲弩守書以獻且請用韓世忠

舊法以意增損爲三弓合彈弩詔許之既成矢激

二里所中皆飲羽又嘗論大駕鹵簿指南車得古

不傳之法他所著有西溪集十卷注司馬遷史記

一百三十卷補注戰國策三十一卷五行祕記一

卷西溪叢話一卷玉璽書一卷注韓文公集未畢

尚數卷寬每語人曰古稱圖書豈可偏廢故其注

史記戰國策辭有所不盡必畫而爲圖最長於詩

葉適云寬古樂府論流麗哀思頗雜近體詩絕去尖巧乃全造古律加於作者一等矣爲當世推重如此卒年五十八會稽續志祀鄉賢

姚憲字令則父舜明兄宏寬皆以博學知名憲以父任補承務郎監臨安府糧料院秀州海鹽丞歷龍游宣城丞知臨安府仁和縣仁和赤縣尤煩劇憲資強敏日未晡吏已散去獄無繫囚秩滿知秀州土豪錢安國居大澤中重湖深阻舍匿亡命爲奸盜州縣莫敢詰憲至部擒安國及其黨焚其巢穴州里遂安浙西大水蘇常爲甚憲請輸粟萬斛以

賑上嘉其能勑書奬諭除提舉浙西常平茶鹽公
事遷提點刑獄又以直祕閣知平江府時羣盜毛
鼎等出沒海道爲商民害名捕勿獲朝命轉屬憲
不數月卽擒之除兩浙轉運判官進直敷文閣知
臨安府累遷中大夫參知政事監修國史俄以端
明殿學士提舉江州太平興國宮又落職南康軍
居住復端明殿學士知江陵府卒年六十三其在
江陵前帥頗厲威嚴治盜不少貸憲繼其後嘗語
客曰故帥得賊輒殺不復窮竟姦盜屏蹟自僕至
獲盜必付有司在法當誅者初未嘗輒貸一人而

羣盜已稍出矣僕平居雖鷄卵不敢妄殺今甯以疲輭不勝任去安忍濫及無辜哉人以此益推長者 嘉泰志　明山陰張元忭云姚氏父子昔志皆云嵊人而諸暨志乃云暨人且言墳墓子姓具在當必不誣然以兩邑鄉賢祠考之嵊及暨並祀舜明而寬及憲則但祀於嵊自宋迄今秩祀已久豈舜明初居暨而二子遷於嵊耶若如暨志以爲自嵊而遷暨則暨之祀不應遺二子矣按舊志明季永富鄉溪涂水汰出社廟碑乃宋時置文內有鄉人諫議大夫姚憲之文知屬剡無疑焉祀鄉賢

呂祖璟字大誠敏而果勇通曉師律紹興中薦授淮南安撫幹辦尋陞安撫使訓兵撫士恩威明信兩淮盜賊不警上聞論賞以疾告歸 周志　張志祖璟爲規叔子祖謙再從弟始居貴門里篤學高節　祀鄉賢

周汝士字南夫上世姑蘇人避五代亂來家剡至大父瑜號稱素封聚族千餘指闢舍購書聘名士訓子孫暨宗姻之有志於學者汝士天資頴異紹興間與從兄世修世則及永嘉王十朋同遊太學世修補內舍生明年汝士與世則及弟汝能同舉於鄉汝士遂登進士授右從事郎永康縣丞太常簿進左奉議郎主管台州崇道觀以憂歸先是汝士旣及第即延王十朋課其子弟汝能遂登王十朋榜自是一門登科者七人與鄉薦者十數人文物之盛爲邑首稱由汝士發之也家有淵源堂製先

聖十哲像列七十二子旁爲五齋蓋古家塾之遺
意云張志

祀鄉賢

趙子潚字清卿秦康惠王後登進士調眞州刑曹掾
與守爭獄事解官去改衢州推官胡唐老奇其才
任之屬時多故子潚佐唐老繕完城具苗劉兵至
城下不能攻累官戶部郎中總領江淮軍馬錢糧
諸司饋禮月千緡悉歸公帑除兩淮轉運朝廷遣
人檢沙田蘆場欲增租額子潚力止之時議者言
田之並太湖者被水患宜分導諸浦注之江詔子
潚案視還言太湖當數州巨浸豈松江一州所能

獨洩昔人於常熟北開浦二十四以達大江又開浦十於崑山東南以入海今皆湮塞宜加疏浚從之水患用息知臨安府禁權家僦人子女爲僕妾者金人議和子潚謂事情叵測宜待以軍禮孝宗嗣位圖恢復子潚練兵爲鵞鸛魚麗陣上觀於便殿嘉之移沿海制置使臺諫抗疏留之帝曰朕委以防海行召還矣初海寇以賂通郡胥吏吏匿其蹤蹟遂大熾商船不通子潚以禮延土豪俾率郡胥入海告之曰用命者賞否則殺無貸胥衆震恐爭至賊處悉擒獲海道平移知泉州吏有掠民女

爲妾者其妻妬悍殺而磔之盛以缶抵其兄興化掾廨中妾父詣郡訴吏不決子潚訪知狀亟遣人往興化果得缶以歸獄決其發擿槪類此南宋書

單庚金字君範父崇道嘗與朱晦翁友善庚金少承家學克自勉勵以經學舉漕試値宗社失馭不樂仕進居晦溪山中三十餘年日夕潛心經傳闡明聖學家無贏餘飲水茹素陶然自樂也客至則開門延引談證不倦蓋貟以德義自繩者所著有春秋傳說五十卷春秋傳說集略十二卷論語增集說約若干卷晦溪餘力稿若干卷張志

張俣字仲碩性穎悟究心墳典隆興中以獻策授廸功郎後連領漕薦除龍泉縣主簿當官廉勤吏不能欺轉婺州法曹內翰洪邁李顯彥舉俣獻議平恕轉儒林郎晉通直郎致仕賜銀緋乾隆李志下同

費元亮字文明乾道二年由明經發解補太學生越三年薦名試禮部初授江山尉歷樂平推官審四平恕明決以恩陞江州太守引病歸隱於秋山麓之秋湖自號秋湖居士

商日新字道夫又新之弟博通經史理宗時蕭山張秋巖薦授太子學任翰林學士咸口閒與同列議

論不合上疏致仕詔餞於錢塘門外賜以金帛舉
朝榮之
許臬字養浩詢之後父鵬飛字圖南深於易臬遂以
易舉景定辛酉亞魁明年試南宮第二教授金陵
累官太學國子錄時丁大全用事諸附麗者皆通
顯有沈翥者爲之腹心藉勢輒禍善類太學六館
士以上書獲罪徙他州時劉黼寓越在遣中臬往
見之義形於色作書切責翥翥怒將并置於法臬
怡然曰吾以此得罪夫復何憾時論壯之後宋亡
避居東陽卒葬焉子薦張志祀鄉賢

許瑾字子瑜元度之後居東林博極經史嘗從朱子遊明於理學新昌俞浙狀其行曰子瑜學博而正行峻而和文麗而則君子人也學者從之隨其資稟皆厭足所欲稱爲高山先生宋亡徵辟不就家藏書千卷至老不釋手後喪明以口授後學所著有春秋經傳解十卷文稿若干卷乾隆李志按朱子於甯宗慶元六年卒迄宋亡相去殆八十年時瑾尚存當不及事朱子矣嘗從句疑誤舊志相沿姑存俟考

趙炎字光叔咸□乙丑進士由義烏簿轉金華令陞鎮江府推官入爲刑部架閣權員外郎炎與平章王爚爲故交責其依違賈似道非大臣體爚遂上

章劾似道似道坐貶炎及爚亦罷歸張志

元

胡宗道宋尚書璟之後任江西貴溪縣勾稽簿案當閩越之衝綜理煩劇愛民如子解任歸士民傷之萬歷府志

許汝霖字時用㮚之曾孫至正辛卯進士初授諸暨州判官累官國史編修已而退居越張士誠據淮浙羅致士大夫霖遯走求之弗得遂歸隱洪武初徵至京未幾乞歸宋濂贈以詩文汝霖穎敏博雅嘗兼修邑志所著有東岡集禮庭遺稿乾隆李志按許氏

多賢汝霖淵源家學其出處大畧相同舊志列於隱逸殊未賅括今改入鄉賢

明

劉性傳字士原元季兵起散家財聚兵以捍鄉邑號義兵萬戶及明太祖駐金華乃率衆歸附陳匡國安民之策數千言稱旨擢中書門下侍郎固辭改陝西鞏昌知府地近朔漠民物凋敝性傳撫輯軍民恩威並著邊境以安萬歷府志　兩浙名賢錄明初良牧以性傳爲首

邢雄原名應熊字仲舉至正末流寇騷擾剡邑民舍學宮並爲灰燼時縣尹無人朝命不及雄以廉平篤厚爲邑推擇攝令事當兵燹之餘招集流亡督

修學校四民復業亂世世賴之明師駐金華與弟應
麟同歸附官至侍御應麟有捍衛鄉里功授海甯
州指揮使世襲千戶道光李志按邢雄舊志誤
作邢容列於縣尹雄以邑人
攝縣令此亂世之事非受朝命也其服官乃在明
代與劉性傳相類性傳舊志列鄉賢雄亦宜列此
居任字彥任居了溪家貧好學善詩文兼精篆隸洪
武癸酉舉明經科授蕭縣訓導遷河南武陟縣在
任九年毫無苟取有餽瓜菜者曰此苞苴之漸也
拒不受永樂中擢刑部山西司主事卒於官舁櫬
歸葬惟篋書敝帚而已周志
史道志字孟禧居昇平鄉洪武己卯舉於鄉授大甯

都司斷事改四川都司贊理軍政鎮重明決用刑惟愼上官奏其能將遷秩會疾卒乾隆李志

王復泉字原古永樂閒貢入胄監與修永樂大典越七年書成授工部營繕司主事改虞衡司居官廉介以能名卒於德州官舍周志

樓希賢舊志作婁居三十四都宣德閒以歲貢授福建福甯令邑軍民雜處富軍橫取民息希賢申禁不敢肆嘗築堤二十餘里瀕海爲陡門以時蓄洩田無旱澇患民咸賴之未幾卒於官乾隆李志

王玉田居東隅自少端飭崇尚名節宣德中歲薦入

北雍與蕭山魏驥定交詩文相贈答任江右永豐令一秉清操先教化而後課督卽輸額必量緩急體恤民隱靡不至有巡方使蒞豐欲腴取之以乘輿畀修玉田曰輿固完好何修爲卽上牒告終養歸橐蕭然林居數十年贊修學校興革利弊里中德之年七十九卒張志

黄孟端字正夫居穀來鄉宣德舊志作正統間貢授福建延平同知居官儉約服食如韋布時值妖賊鄧茂七爲亂蔓延延平時闕守孟端專任郡事矢志固守與城存亡爲詩有保固危城全我節捐軀自是

一毫輕之句賊平而孟端竟以積勞成疾卒民哀
之周志下同
王樞字克愼居東林景泰中貢授甯國推官剖決明
敏獄無寃滯南陵有富民賂顯要誣奪人山樞鞫
實斷歸其主有丁婦鄰少寡其叔挑之鄰欲聞於
官叔懼誘母訟鄰不孝守將刑之樞廉得其情爭
於守曰公不惜一婦人獨不惜甯國郡三年不雨
乎守悟鄰獲免期年以疾卒橐無餘金民爭出錢
爲賻其子某謂不可以喪故汚吾父盡卻之太守
聞而嗟異各捐俸以助乃得歸葬

謝廉字允清居清化鄉順天軍衛籍景泰甲戌進士除刑部主事遷郎中以廉明稱成化間眞保等郡民饑廉奉命往視設法賑濟招撫流遷還定全活以億萬計事竣上加賞勞明年遷河南參議總督七郡糧稅革弊除奸軍民仰之未幾以勞卒

張世軒字晃之胄之子景泰中以鄉舉除廣州府同知時兩廣峝蠻爲亂率兵勦除居民安堵或謂世軒厚賂中貴功可躐遷顯職世軒謝不爲都御史韓雍將上其績丁父憂歸服闋補臨安府操履益堅尋遷兩淮鹽運司致仕著有頤齋稿張志下同萬歷志

作張軒周志云考墓誌行狀俱名世軒

王喧字時暘鈍之子貌豐偉聲如洪鐘幼承家學淹通羣籍成化戊子舉於鄉壬辰成進士授南京禮部儀制司主事三載考績敘云敦厚以存心精詳以措事儀容旣偉典禮能勤轉郎中尋陞南康知府或云簡僻與君才不稱喧曰昔濂溪考亭兩先生嘗守此建白鹿書院宏暢教澤吾正可承此以彰吾家學羅太史璟贈詩曰白鹿洞幽宜設教青牛谷美趁題詩甫五月政通人和百姓戴之以勞瘁卒於官

張燦字蘊之號駿軒胄之從姪天性孝友父跛不能履背負終身弟病癡爲養贍至老嘗從羅竑學經史一覽不忘爲詩文操筆立就所著有駿齋集二十卷擬騷二十章善眞草書太守重其文行折節遇之祀鄉賢周志下同

杜傑字世英居五十五都成化戊子順天鄉舉初令夏邑改文登遷湖廣辰州通判直隸延慶知州致仕居官三十餘載操履純潔如一日還家閉門卻掃蕭然四壁晏如也年八十餘卒卒後數十年有客美兵調至浙所過擾掠經傑門相戒莫敢犯更

餽遺以去

丁哲字以賢居二十三都成化甲辰進士授刑部廣西司主事遷郎中志節較然時中貴李廣負上寵縱其黨殺人事下刑曹諸郎皆相顧錯愕不敢承訊哲大笑諸郎曰公當有意請以畀焉哲首肯立逮至掠治之廣遣使持尺書爲地哲對使裂其書掠治如故曰殺人當死我急不能須臾斃之杖下廣大怒中以事罷歸哲門吏徐圭者憤哲寃家貧鬻女爲資具疏闕下擊登聞鼓欲自刎給事龐泮救得釋復爲論列疏聞召哲至京孝宗御皇極門

親訊之得實廣論罪哲所殺雖當坐無爰書不具獄貶濮州知州圭以貲當補濮州同知奏主屬不敢抗禮改他州哲遷蘇州府同知致仕進階知府哲善詩年九十餘卒圭歷官僉事所至有聲李府志

祀鄉賢

周山字靜之泰之子成化庚子舉人孝養祖母扶持不離學訓林元立死無子有母年八十山扶櫬掖其母歸閩更爲築墓乃返初知德州丁父憂歸協修邑志補保德州設社學勸農桑刻冠婚喪祭圖式民知有禮掫纂保德州志建義倉義塚救災恤

患上下和悦六年卒於官民哭之哀祠祀之著有
太極圖解安齋集周志　祀鄉賢
周嶧字魯之端厚有學宏治間歲貢任甯縣訓導一
生坐誣罪爲力白之遷鄒縣教諭士卒其教引年
家居絕迹干謁縣令張暄性寡合獨加禮焉著有
古愚集乾隆李志
杜民表字望之傑子也正德丁丑進士初知鉛山慈
而介視民如子宸濠之變決策守禦民賴以不擾
尋拜御史大禮議起忤旨廷杖罷職掖父南還承
懽晨夜家業蕭然不計也臺省屢薦皆不報鉛山

人祠祀之勒銘云道上有青天之譽獄中無白日之冤周志

陳叔遷弟叔權俱起家掾吏叔遷正德間授廣東海陽丞不取民一錢或諷之曰子吏何冀而自苦乃爾計若官不過多得錢耳叔遷笑不答頃之拂衣歸叔權爲直隸懷甯縣尉清白不愧其兄時宸濠亂委給軍餉毫無染指或勸其爲子孫計叔權曰令子孫佚樂而我先汚辱弗能也堅厲如初致仕歸家徒壁立兄弟躬耕終其身畧無悔色張志下同周志云世方以資格限士右明經貢舉而左胥徒觀兩陳則上何可以資格限哉以彼其清而破格物

色之假一以風百則人人勸矣奈何居官澡雪而當路不知返里貧窮而有司不問非無力爲如兩陳而不自沮喪者幾希矣予故傳兩陳著其名不朽以示所風焉

王淵字本之玉田之孫正德間貢入北雍充拨差巡書入閣積書千餘卷博涉有文采拨燕山右衛經歷尋改蔚州左衛出納惟允考績貤贈父母陞永春令清白得上官譽二年致政歸永春人攀留不得乃追送百餘里淵致書代者曰毋易我政毋勞我民殷殷於去後如此登籍十年田不盈頃復捐擴先世祀產并設杉瑞潭義渡年七十六卒

馬輝字文曜居五十四都嘉靖元年以貢授江西瑞

昌縣知縣一塵不染而豈弟宜民教與養皆身任之越二年致仕歸士民泣留如失父母乾隆李志下同

周謨字居正用彰之後事父母至孝性端方步履言笑皆有常度讀書手不釋卷體究極精義利之界斬然嘉靖間貢授靜海訓導傷親勿逮養設位祀之晨昏進膳遇諱日則泫然流涕待諸生嚴而有體爲講授經史亹亹不倦釐正鄉飲昏喪等儀以化其俗學者仰之如山斗致仕歸諸生揮淚別子汝登歷工部尚書贈如其官祀鄉賢

裴仕濂字子憲居二十九都嘉靖甲辰進士初授常

州推官操持廉潔讞獄多所平反尋拜御史風節
凜然刷卷河南校勘積案以勞瘁卒濂樸愿儉質
舉止端重斤斤以禮自繩雖貴無媵妾疾俳優不
一注目拜御史旋里郎族黨訟事避不以囑有司
人稱悃愊老成云子嘉榮自幼好學至長益力敦
孝友進退容止以禮年二十餘爲諸生夭死人咸
惜之周志
喻袞字朝章弱冠赴郡試寓旅舍如厠得遺金時已
薄暮擬詰朝訪還夜分夢中聞爭競聲覺而詢則
客疑主盜主罪客誣兩不能辨相持赴水袞急呼

人拯之起出所拾金並告以故事乃白事母至孝一切供奉皆身任之遵父遺命課諸弟專一讀書幼弟裴得成進士子思化中嘉靖辛酉應天鄉試除知興甯縣衰敎以居官愛民之道卒爲循吏三舉鄉飲大賓後以孫安性貴贈資政大夫兵部尚書祀鄉賢乾隆李志下同

喻思化字伯誠號石臺舉嘉靖辛酉應天鄉試授興甯縣知縣興甯多藝靛爲業前令私稅入己橐思化請諸上官改充兵食丁糧并一切𧶘賣剗洗民大寬省而學校廨舍橋梁道路俱次第修整會猺

夷作亂思化開誠招撫數千之衆立時解散嘗以此輩皆可爲善乃立社學聚其子弟而教之漸成善類思化政持大體剛方廉潔淸風播滿湖湘三年以勞瘁卒上官及僚屬百姓咸哀痛之萬歷甲辰入名宦祠子安性祀鄉賢

周夢秀字繼實震之子爲邑諸生自少以道學名潛心篤行瞻視不苟已而讀竺典有悟屏絶世味惡衣糲食晏如也性好施囊錢不畜有所入輒分給親友之貧乏者時例廪生限年起貢次當及夢秀義不敢承以讓友事父孝父亦賢習其子復宅爲

寺詳周震傳夢秀實成焉生平志行超卓時以天下蒼生爲念日練習世故采諏人物習博士家言與海內作者稱雁行嘉興陸光祖謂爲三絕學絕行絕貧絕也年四十六卒鄉人賢之請祀於學宮太守宛陵蕭良幹題其墓曰高士周志

王尚德字惟本誕之子讀書洞名理居恆以做人難自勵善體先志撫弟妹最篤金庭觀右軍祠舊有祀田爲有力者勒充兵餉命子應昌別置田四十畝還觀中其他建毓秀亭砌陳公嶺築水口堤凡可利民無不舉行以子應昌貴封奉直大夫定番

州知州年七十六卒著有詩文及傲人難詞乾隆李志下同

祀鄉賢

王應昌字家交尚德子少有夙悟與周海門定交密省已過佩飭以比韋弦萬曆癸酉領鄉薦除知邵武縣潔己愛民折獄平允不取贖鍰摘發奸胥濫派歲省三百餘金置社倉十有七厫厫皆儲備適旱澇相承百姓告饑追不及待應昌乃籍災民三千餘戶戶給穀一石當事責其擅發督追還半應昌立捐俸補足不以擾民遷判大名府查出附餘米三千百餘石以充市本撫按交薦擢守定番州

所屬蠻長自以道深罪重貿固不出應昌至悉捐
宿讐予以自新搬右文書院拔其尤者考課之邊
方文風翕然興起猺長黃獅倡亂奉詔討賊時督
餉在軍王師敗績應昌挺身獨殿幾爲賊中而以
馬逸免踰月大舉克之應昌爲餉道所挖降級歸
後敘平賊功復補解州尋轉雷州府同知多惠政
民立祠以祀母老乞休家居二十餘年足蹟不一
入城市至存祖母石氏之祀倂金庭右軍之田復
家塾修族譜置義冢具見古處云卒年八十三著
有居彝雜錄拙拙集宗旨證參祀鄉賢

周汝登字繼元諟之子讀書過目不忘年十四而孤十八爲諸生二十四師山陰王龍谿示以文成之學輒領悟萬歷丁丑第進士授工部屯田主事督稅蕪湖稅額舊歲二萬內部議增倍之汝登不忍横征以缺額謫兩淮運倅時商民皆健訟不習禮爲講鄉約刻四禮圖說訓之統轄十場場建一學捐俸置田以充社師費又於東場建總學月會十場之士而身自提撕習俗丕變歷南京兵部車駕司主事轉驗封司郎中南都講會拈天泉證道一篇相發明許敬菴言無善無惡不可爲宗作九諦

以難之汝登爲九解以伸其說弟子日益進執贄者千餘人陞廣東按察僉事疏乞終養不允陞雲南參議再疏陳情得旨歸里與會稽陶石簣及郡士會於陽明祠曰陽明遺教具在正當以身發明從家庭閭閈竭力必以孝弟忠信爲根基勿爲聲色貨利所玷染習心浮氣消融務盡改過知非絲毫莫縱察之隱微見之行事使人知致良知之教原如是也陞南京尚寶司卿署京兆纂陞太僕寺少卿爲滁人修社學置義田陞光祿寺卿尋陞通政使司晉戶部右侍郎致仕汝登爲政以教化爲先

不事刑罰故所至有慈祥清白名通籍五十年林居三十餘年不畜財不治第不營產年八十三詔起工部尚書未任卒學者稱海門先生擬謚文昭賜祭葬如例著東越證學錄聖學宗傳聖行宗系四書宗旨程門微旨王門宗旨助道微機楊邵詩微語錄或問各一卷并修嵊邑志乾隆李志下同祀鄉賢

董子行字明卿萬歷丁丑進士爲侯官令吏才精敏奉詔丈田汰浮米無算縣西有石門峽江水爲患子行建議塡塞方畢事徵爲御史巡按山西陝西後令周紹聖循其議築之歲獲有秋

周夢斗字繼奎性端介善屬文萬歷丁亥以貢除知閩清縣專務德化不事扑責養廉外杜絕苞苴有以金餽者拒不受當事薦揚之

周夢神字繼存居邑西隅弱冠補諸生試輒高等貢入大廷以繼母病不赴及歿廬墓三年嘗捐貲治祖塋建宗祠開闢道門造西橋并周卹無告者年八十餘日手一編不輟學使循例給冠帶子應昌父喪廬墓應昌子有覲刲股療父世有孝行邑令表其門　祀鄉賢

喻安性字中卿號養初思化之子偉丰姿饒膽畧爲

弟子時郎以天下爲已任萬歷戊戌成進士授南
昌推官平反無寃朝議欲採金江右安性繪地圖
力陳不可上爲之動色乃撤其使秩滿以卓異擢
禮部主事遷吏科給事中首劾司禮監成敬亂政
撓法關係宗社生靈神宗置諸法羣黨搆孽遂左
遷羅定州判時倭踞香山嶴勢猖獗臺使者欲發
兵剿安性單騎諭以利害倭慴服遁去不折一矢
而數百年之積患頓消人服其膽識推邊才補昌
平副使按察密雲滿旦索賞蹂躪內地安性曰是
覦我也不可以惠行率將尤世祿等整兵而前遂

望風納欵敘功陞順天巡撫順永災祲請帑十萬以賑并奏免賦役加派中貴程登擅催牧地租徐貴擅駐天津采鮮並爲民患安性劾罷之又疏參監陵劉尙忠等七人蔑視臺使譁譟無禮奉旨鞫治閹人漸知斂蹟陞遼東巡撫爲奸璫魏忠賢所憚又惡不投一刺矯詔奪爵崇禎改元忠賢敗薦陞兵部尙書兼右副都御史總制薊遼練士卒防要害竭蹶供職而遼撫王應豸御兵無法遂以鈌餉鼓譟安性至乃帖然解散後以朝議苛求解職歸安性秉持介節在朝不比權奸居鄉不干郡縣

中外畏而敬之雖家食十餘年語及邊事即起舞聞邊報未嘗不欷歔泣下也嘗建議改常豐秋折鄉里祠祀之年八十一卒著有易黎養初文集祀鄉賢

鄭化麟居德政鄉幼慧敏於學由拔貢登萬歷癸卯順天鄉試以父老思祿養陳情乞職授弋陽令甫除職而父歿後補詔安恪守庭訓以施於官報政陞廣信府同知拔士棘闈得士望攝二千石上計銓曹左判開府署黃縣蘇民徭役尤加意恤士復其力役遷常德判減商船稅職司詰盜冒險擒渠

魁十八人以積勞成疾遂解組歸入閱月而卒子自强由北雍上舍拔授忠州同知有山居南北遊詩集

王心純字化遠沉靜多慧父應昌家政嚴肅能以孝謹得歡心弱冠補弟子員師事海門究心理學萬歷乙卯舉於鄉授虞城縣教諭訓諸生以變化氣質爲先崇禎戊辰成進士選龍巖令丁父憂哀戚若孺慕理家一如其父服闋補清江縣緩刑寬課視民如子建書院講學以海門心肯爲提撕癸酉分房所取皆名士戊寅行取授刑部主事旋召對

郎改兵部歷武庫司提督武學職方司轉副郎已
卯典試四川首正文體庚辰陞揚州兵備僉事道
兼理漕鹽驛傳下車葺王心齋祠集士子講學時
寇氛震驚沿海兵汛卒廢弛無紀心純巡視督責
守將悉得兒飾欽伍狀慨然曰國事如此尙可爲
哉以忤時調遣歸臥龍山日與知交講學不輟承
父志復右軍祀田四百畝建坊以表先節而陳當
事復秋米折色則尤德及鄉里者著有兵部奏議
詩文二卷祀鄉賢
周光復字元禮號見心紹祖子也年十三受知學使

者爲諸生試輒高等有奇童之目弱冠舉於鄉萬歷庚辰殿試二甲第五名拜行人司行人奉使西域餽遺一無所受復命晉工部侍郎時修宸宇光復力主節東與同僚議不合左遷益王府長史人咸爲扼腕而光復晉無憾意日寄情詩酒著游梁草益王爲之序弟光臨字元薇拔貢生博洽能文以親老兄仕不復謁選著有名山息遊一時公卿多與訂交稱周氏二鳳

尹鼎臣字士德居東隅天啟辛酉舉於鄉歷旌德金壇教諭遷澄海令剔除船稅平反寃獄邑多豪右

撓令權鼎臣執法不少假卒爲擠陷左遷淮安府照磨時江淮騷動委署桃源篆監理船廠有能聲遷黃岡令知時事不可爲隨解組歸邑令以賓筵薦不赴一日坐談如常擁衾而瞑年八十七

吳廷珍字文翼居崇信鄉三歲喪父母植節教育之廷珍克自砥礪弱冠以第一名補諸生請揚母節得邀旌典崇禎戊辰恩貢授濂州府通判撫字備至會郡守缺士民請於撫按願借署理而雷州士民亦以缺守請改署雷至爭不能止靈山縣學廩缺額僅踰十名力請廣教且捐俸置田以充廩餼

一時風聲丕振遷雲南和曲州知州丁艱歸卽於
母建坊處拓地立祠祀之歲歉體母志分俸給宗
黨全活多人撫從子如己出年六十九卒
厲汝恩字君戴性和坦以遷善改過自礪弱冠食餼
入試棘闈兩登乙榜師事海門卓然以理學自命
貢授景甯縣訓導景甯僻陋士風不振汝恩進諸
生月試其藝而上下之勉以孝弟名節引入於理
性由是知有心學未幾卒於官諸生潘一賁等請
祀名宦景甯令徐日隆移關嵊邑嵊諸生葉應茂
等請祀鄉賢不報

尹志㷂字伯光立相子崇禎癸酉順天舉人父卒以祿養不逮爲憾處諸弟恭而和季弟外繼幼弟庶出析田必均與人謙愛取與無背於誼任南直定遠令惟務寬徵恤民邑磨盤山盜羅萬傑出沒爲亂上官咸議勦㷂親往諭令歸順又常壽五倡亂亦招徠之使邑無揭竿有富室讐誣作叛願以千金爲壽㷂堅拒之爲白其冤鼎革時爲定民攀留不忍去荏苒數載謝事歸里卒年六十有六張志道光志於尹立相傳中注李志云見鄉賢按諸志並無傳今查張志夾敘其父傳內因采其事纂入

國朝

喻恭泰字大來安性長孫由恩貢授廣西永口知縣
永口濱左江爲宣橫要衝猺獞雜處自明末兵燹
後殘燬無完堵至康熙癸卯始置令恭泰首膺其
任下車即問民間疾苦興廢舉墜不遺餘力而政
令教治因弊利導風俗爲之頓厚秩滿以祖母年
邁乞終養歸士民攀留如失父母乾隆李志下同
商洵美字培世號頤山先世家嵊之繼錦鄉後徙會
稽洵美少凝重簡默與弟孝廉和並負盛名而洵
美尤以沉潛勝弱冠由祖籍補諸生尋以第一名
食餼丙子舉於鄉乙未授嘉興縣教諭一生以負

糧發徵洵美詢知貧狀惻然立爲代輸而屬勿言同僚中稍傳其事令聞曰吾慚於商君矣郡守吳某廉知有經濟才凡疑獄必畀訊鞫洵美執法原情多所平反當事咸器重之倏憶故鄉山水朋舊三上章乞休諸生擁留者至數百云壬寅舉鄉大賓雍正癸卯

詔舉賢良方正士嵊與會邑並以洵美名達之大憲洵美固辭卒年七十有六著有全史類函

嵊縣志卷十四

儒林

宋

姚鏞字希聲號雪篷（一作蓬）嘉定十年進士吉州判官以平寇功擢守贛州貶衡陽有雪篷集郭綽□熙十四年進士俱見宋詩紀事（府志）

明

單復亨字陽元居晦溪博通典籍尤善詩歌著讀杜愚得十八卷傳於世復亨最愛杜詩故自爲剟注云洪武初舉懷才抱德科授漢陽縣知縣（乾隆李志下同）

李恒字志常洪武間以貢至京師更名常從王文忠禕使滇南禕殉節死恒與儕輩數人還奏上以爲能授福建延平府同知將之任病目眇其左乃引年歸以琴書自娛自號愼獨居士

求漁字宗尙弟澧字宗衡末亂時父戍貫州瀕行指所藏書囑其母曰以是敎吾二子力學爲名儒吾願足矣比長母告之輒相對感泣自是若志窮經史旁及稗官小說靡不涉獵卒以文學齊名人稱大求小求先生漁善評隲詩格嘗編次越山鍾秀集行於世澧著有蘭陵稿事母至孝兄弟相友愛

里閈兩推其行後漁老而瞽禮正統問以累遣戍釋歸卒於途又兩悲其遇云周志下同

王鈍字希敏文高子力學修正動循古道事親甚孝與兄弟終身不析居貢授南安訓導丁外艱服闋赴京會英宗北狩感憤不樂仕且念母老乞終養歸考訂婚祭等式以敎族人著有千齋集以子暄貴贈南京禮部郎中

周晟字伯融宋汝士之後天資穎敏博極書史爲詩文有奇思嘗從王文成遊以所學授生徒性嚴毅難犯士大夫接其言論丰采卒傾心焉貢授山東

齊河令有治聲未期月丁外艱歸遂不復仕授子

紹祖孫光復經史未嘗干與外事

周震字居安謨之從弟生而樸誠弱冠舉嘉靖丁酉

鄉試究心良知之學初仕宿松令平徭役集流亡

過賢人貞婦之廬必加禮焉改教承天擢通判衡

州耒陽大洲賊爲亂震以計擒勦擣其穴集郡薦

紳爲石鼓講學會三年謝職歸講學慈湖書院體

驗益力生平孝友奉母定省無輟以田宅畀諸弟

睦宗黨恂恂長者嘗投牒吏部會其友病卒遂罷

選護其喪歸初佔實性廢寺爲宅居三十年并自

所置具復爲寺人吏難之

馬充字克美居東陽嘉靖十一年歲貢授德安知縣性質直絶干謁明敏博覽有馬書厨之稱居官亦廉謹尋致仕

邢德健字汝行舜祥子居太平鄉礪志讀書稱博洽其學以孝友爲先詩文自成一家貢授蘄州同知廉潔有惠政轉漢王府審理政及歸作聖諭解立家約以教宗黨而辨佛論尤足儆末學云卒年六十六著有崑源藏稿乾隆李志

錢思棠字希召姚江錢緒山高弟厭科舉之學著有

心學淵源及文銘詩賦等集與周海門同修邑志新纂下同

錢思邦字本甯潛心理學緒山入剡從學甚衆而思邦推巨擘云

王三台字思位居東隅少孤母知書明大義三台稟母訓弱冠補諸生師事海門隨事體驗謂聖賢之緒不外家庭遂專意奉母每日所言所行必以告曰吾無不可對母言之事無不可對母言之心痛父不及養終身蔬食祭必備物淚涔涔作竟日哀篤志好學晚而益篤嘗自署曰老年工夫務從簡

易念慮一根緊要在是凡有中萌法惟省制凡屬
當行道惟勉致靜坐焚香密密檢覘循此爲常吿
之上帝海門歿以師道不傳爲己罪日集同門講
會弟子執贄者亦日益進示以交行合一之旨多
所造就稱爲衡南先生以子貴封郡倅卒年七十
著有四書附注詩經附注衡門文集正學堂詩徵

乾隆李志下同

袁榜字仲魁居西隅少習博士業不得志棄去年四
十餘始發憤爲學事山陰王龍谿潛心性理擇可
而語一跬步皆有繩度嘗開義學教後進王教諭

天和折節遇之晚徙居山水間自稱丹泉子有丹泉詩稿

吳伯化字紹南成童補邑弟子篤孝行博洽經傳志聖人之學與周汝登爲老友深相參證力求精進一日病中聞鵲噪豁然省悟覺天地萬物皆吾一體曰吾向讀五經四子及性理諸書以爲皆聖賢之言聖賢之心而今始言言即我心也舞蹈不能已汝登贈以詩曰乾坤頓覺元非外堯舜方知實可爲又曰始知喫飯穿衣處一笑鳴鴉噪鵲時葢指此也接引後進必令反求諸心易簡直截故信

從者衆卒年九十二子鈺鉉潛心性命之旨人謂
有洛水父子風
周紹祖字仲恩居東隅萬歷辛巳貢授甯海訓導躬
課諸生日夕不輟有以文行著稱者必多方獎勵
之生二子長光復舉進士次光臨拔貢生皆博學
有文名人稱是父是子
袁祖乾字清侯居西隅天啟間歲貢生與弟祖憲同
執贄海門以道爲己任參求無虛日及海門殁豫
章文德翼司李嘉禾代按來嵊會講鹿山書院辨
難終日獨心折祖乾一時從遊者多知名士婺之

趙鳴嶽趙鳴峯邑之盧鳴玉其尤也九試棘闈不偶卜居林墅以稼穡代食年七十餘卒著有天洩觳吟子師孔字則學有文名天啟甲子鄉闈擬元以小誤抑置副車著有琴佾蛾術等篇

袁祖憲字章之弱冠補諸生師事海門博通典籍殫心理學有實踐工夫從兄某卒無嗣餽於貲一戚曰與我金當以汝子繼祖憲曰貧富有命吾不願此人服其高曠著有守菴集及類鈔十二卷乾隆李志

弟祖元字元之諸生博學多才勇於任事嵊苦米運前已改折順治初議復征祖元邀同志控蘭臺

議折如故邑人德之新纂
吳振尹字國超居棠溪里幼失怙恃懼忝所生讀朱
子四等人書慨然以聖賢自期立治心篇書要以
閑邪存誠復還心體初謁海門與語不服及反覆
辨論始心折執弟子禮嘗憬然有省海門以陳剩
夫王心齋擬之卒年三十八時同學者有吳鈺丁
美祖皆早夭鈺字孟剛邑廩生殫心理學不分志
於功名美祖字中甫兩登乙榜博涉經史每有所
疑必書版以待質故聞道最早海門嘗歎曰予一
生全賴友朋弱年爲會者八十八士外更有四人

今盡淪亡八十後同參五六輩皆歿然此猶年相
若者至晚年從遊若吳國超吳孟剛丁中甫皆少
年得力之徒亦相繼天念之心折云乾隆李志下同

尹志賡字載歌師事滄門以學道在主敬凡視聽言
動必極端莊雖盛暑衣冠儼如也性至孝居喪有
禮家貧結茅山中瓶無儲粟捉襟見肘襪履至踵
腓皆見而讀書談道怡然自適與人言不妄詭隨
至排斥佛老尤侃侃無所顧忌知縣劉永祚建學
鹿胎山延爲小學師辛丑六月十八日曉起整襟
危坐與子笑語竟日就寢而卒年六十有九友人

徐一鳴王國楨袁尚衷等爲置田供祀

吳賡明字颺伯三界人邑廩生性穎悟尤績學於四子五經暨明史各有纂著類能發其義蘊授徒會稽從遊數百人内閣姜希轍太史沈玉集皆其高弟講學之盛比龍溪海門云新纂

吳應芳字佩茲振昇子也沉潛靜嘿振昇命執贄於王思位丁中甫期以力希聖學父歿益自奮勵天啟丁卯舉於鄉歸謁周海門海門爲說以貽之畧言慰父於九泉者不在登科第而在希聖賢應芳竦然請益進曰要在勿忘而已矣一言之發必省

曰其毋忘吾父之言教乎一事之行必省曰其毋忘吾父之身教乎一念之萌必省曰其毋忘吾父之心教乎直至口無妄言身無妄動心無妄萌而後足以慰九泉也應芳拜而受之自是用志益專舉措必循規矩六上春官不第遂絕意仕進與吳鉉王國楨輩聯社鹿山講求微言大義嘗闢圃栽菊花觴詠其下曰正與吾意一般卒年七十六著有棠溪集卦說六十四篇坤貞四則諸書乾隆李志下同

吳調元字君燮居德政鄉髫齡爲博士弟子員師事劉蕺山又嘗從周海門遊殫心理學食餼二十餘

年恬退不求仕進教人以孝弟忠信爲本學者多
宗之
王國楨字我甯忠襄長子性質直喜奬進善類而疾
惡頗嚴博聞强記以第一補諸生爲文力返正始
當忠襄之入仕也命家居侍大父承歡養志晨昏
惕若及卒視殮畢奔赴居庸而忠襄已仗節死矣
叩闕請䘏時大冢宰題請錄廕詔旨久未下或曰
今昌宣總監上所眷注其人折節下士君曷具一
牒令爲再題國楨曰不肖止期表揚先烈豈爲身
謀果爾是欲不肖因景監顯耶竟扶櫬歸卜居福

泉山麓力耕代食著書垂二十年痛闢佛老之教嘗輯邑中文獻作嵊志備考時戎馬旁午而國楨集諸先輩及同人講學不輟卒年五十四袁尚衷輓詩有海闊功夫惟務孝鐵堅護衛只防禪句能得其概云著有勿齋集文鈔剡中詩文集内則徵音敬時錄

國朝

徐一鳴字文儒居西隅警敏好學爲文偉麗一時名公巨卿咸器重之事父孝父歿事母尤謹弟一號以詩文著聲黌序皆一鳴教也生平篤友誼周匱

之置祀田一以敦厚爲鄉里倡崇禎乙亥拔貢八
北雍己卯登賢書　國朝順治戊戌授廬陽司李
平反十有四案出獄者三十餘人督運時革除一
切供應黄維河爲立碑紀事會審江寧衞直指以
五百三十詞發讞不竟日而判畢直指奇其才挾
以隨巡檄取同考閲禮記所取皆知名士瓜州警
一鳴繕署如平時已而捷書果至人服其識五膺
薦剡以失出謝職偕儕輩講求鹿山遺緒年六十
三卒著有廣平子日集廬吟汗漫遊五經摘解百
將評衡廬陽讞語

喻恭復字七來博極羣書年十四爲諸生十五食餼與徐一鳴姚工亮吳調元講學鹿山聯詩文會省試一十三科以副榜膺歲薦將授學博卒著有讀詩補箋

高衡字乃銓居邑東隅弱冠食餼聲譽蔚起從之遊者輒成名士趙起鯤盧象鼎其高弟也課子極嚴長克虞廩貢生次克藩第進士皆承家學卒年七十有二

趙起鯤字雲大恩貢生居東隅精研經史一時知名士多出其門尤好獎掖後進工草書遊屐所至必

有酉題生平耿介而篤於風義一夕夢整書籍赴
會城越日卽卒年六十一
盧象鼎字直臣居仁德鄉用義子也學問淵蔚爲諸
生試輒高等晚貢於鄉生平崇尙古樸恬靜無所
營而取與特嚴一介云
盧廷翰字則修歲貢生品行端正嘗懸　宣聖像朝
夕敬禮有事必焚香告之其司訓仙居也課廸士
子循循有法後以年老乞休至八十八歲而卒
朱爾銓字衡章居東隅淹博有文名貢授德淸縣敎
諭時蔡宗伯升元爲諸生日以詩文請質相契最

　厚遷山東陽穀縣知縣引年歸卒九十四
吴光廷字子昭調元子也康熙壬子拔貢任新城學
　教諭遷湖州府教授訓士有方湖人比之胡安定
　云
喻安恂字翼卿居西隅力學嗜古歲貢生官昌化訓
　導時年八十有四而精神强固日危坐講學未嘗
　有倦容士被其教多致科名六年乞休歸
宋葩字牧伯歲貢生有至行母李病劇晨夕籲天請
　代乃得痊人謂孝感康熙甲寅寇亂會兩親皆背
　拮据事含殮每以不得盡禮爲痛性廉介茅屋數

椽綫誦不輟爲文務規先正汲引後進如恐不及
邑令宋敦張泌延爲義學師雍正癸卯
詔舉賢良方正當事將以奭應奭以年老辭卒年七十三
宋乾圖字日周邑諸生九歲喪母哀毁如成人事大
父允孝謹性好學於書無不窺闢一室藏圖史旁
植竹木日坐卧其中客至輒與研究討論累數千
言無倦容非其人則默如也其眞率如此卒年五
十一
應朝昌字桂巖博學工詩孝友其天性也康熙戊子
舉於鄉壬辰成進士生平赴省郡歸必傍寢門坐

臥十日夜然後入對妻子故其所作纏綿悱惻大卒皆蓼莪明發之遺入都謁選人皆爲昌賀昌獨欷然自以不逞將毋爲憾有冬日書懷云漫道家貧應得祿翻成親老不知年可以想其至性矣授廣東肇慶府開建知縣未任卒著有桂巖詩集道光李志

商盤字蒼雨號寶意世居嵊寄籍會稽年十九著小山叢桂集而髫齡所作新蟬詩紅葉白燕等賦已爲時豔稱雍正元年拔貢成均庚戌舉進士以知縣用次日

特旨改庶常習國書散館授編修充八旗館國史館纂修
進經史講義數上封事乾隆戊午獻臨雍頌耕籍
詩皆爲
上嘉納以祿養自陳乞外任前例所未有也得廣西新甯
州牧以其親老改鎮江郡丞旣而權海州州牧及南
昌令南康守調太平郡丞以督造戰艦居吳門二
載外憂服闋補施南郡丞攝守篆旋督糧艘北征
甲戌擢梧州太守年五十有四矣旣入粵而知梧
州者已易官乃權鬱林牧及太平守尋補慶遠府
歷四年移守鎮安又三年持繼母服去再補雲南

守丙戌移守元江明年大兵進剿緬甸盤跋涉行間感觸瘴癘六月渡清水河霪雨如注露處馬家檳榔園一晝夜病大作歷旬日而卒蓋以死勤事者也著質園詩幾及萬篇採 國朝越州人詩數千首爲越風若干卷行於世蔣士銓原傳

裘式玉字行佩敦古道通經籍家貧不治生產殫精誦讀寒暑無間乾隆壬申舉於鄉北上裘文達甚器重之歸里講學成就後進甚多易簀時猶手不釋卷著有四書解鹿野文集道光李志下同

張袞字龍光居永富鄉邑廩生少博經史善屬文制

行敦謹授徒以嚴見憚邑中知名士多出其門嘗
佽鄉會試田并勸伯叔兄弟其割腴壤以襄美舉
師事裘式玉能得其傳精通理脈著有學庸講義
行世

周大用字西崖開元人少有至性年十六丁母艱哀
毁成疾久不瘳好學博覽文名藉甚乾隆乙酉科
拔貢任甯海教諭篤於訓誨士風丕變告歸士林
思之不置爲繪圖以尸祝之制藝數卷已梓行其
餘著述俱藏於家新纂下同

劉以觀字國風歲貢生居太平鄉家貧早喪父下帷

益自刻苦授徒多成令器以母老不就遠聘翼二季立教姪成名性溫而肅言笑不苟雖盛暑無袒裼人嚴憚之終以觀世數十里閒鬩訟箝口鄉賴以安道光二十四年七月蛟水壞父墓號泣溪邊不入水漿累日遂成疾卒年八十有七

喻道鈞字珊亭明孝子祿孫後父經邦歲貢生有從子杲失怙恃招同居數十年無閒言父卒鈞析半產與之嘉慶丙子舉於鄉掌教剡山書院八載以白鹿規訓生徒出其門者多以文行著選授義烏教諭兼主講繡湖書院以教剡者教之士皆悅服

倡修奎光閣萬仞坊以振文教歲荒辦賑全活無
數在官十二年卒道光戊子同纂邑志著有聽秋
山房詩賦文稿若干卷此君軒吟草一卷
邢復旦字春初號縵雲博學善屬文嘉慶戊辰舉於
鄉由教習謁選任貴州天柱令其地民苗雜處號
難治甫蒞任即蠲俸葺書院復勸邑紳捐產得膏
腴百餘畝爲修膏資公餘輒進諸生而勗礪之士
始知奮在柱三載以伉直忤上游意解組歸宦橐
蕭然掌教剡山書院凡十餘年士論歸之性孝友
析猶子産推多讓肥居鄉糾設義倉增置學田事

之有裨於公者率以身倡論者謂其出處之間無不隨分自盡云著有左國繹義及思補軒詩文稿藏於家

文苑

明

張冑字仲翼少聰敏年十三能爲雪賦旣長從天台顧景蕃遊肆力於古文詞嘗聘修輿圖志新昌楊給事信民以經學該博才堪任使薦不報遂絶意仕進徜徉溪山間自號西溪子著有西溪集卒年八十餘以子世軒貴封奉政大夫乾隆李志下同

錢悌字舜夫居長樂鄉性耿介博覽經史善屬文詩尤沉鬱蘊藉著有古齋詩文集邑令許岳英聘修縣志悌叔汝貫弟經樵俱善吟咏而經樵尤有古

行爲鄉邦推重

夏雷字時震居西隅宏治己酉舉人性和易有才工詩善眞草書緝縣志搜訪山川人物纖悉靡遺知湖廣羅田縣甫十月卒於官嘉靖間郡守張明道隆慶間邑簿江一鳳爲立石表墓

錢善祥字應禎敦孝友邃於尚書兼通歷數嘗與朋舊遊林壑間唱咏爲樂自號敬齋著有敬齋吟稿若干卷（新纂）

國朝

李茂先字文驥居邑東歲貢生少孤母陳氏植節督

敎之著聲藝林山陰王白岳雨謙奇其才爲序漁
溪集而名益著乾隆李志
商元柏字令素洵美子康熙壬午舉人擅詩名在西
園十子之列官諸城令遷泰安州同知以長子盤
貴累贈中憲大夫著有剡藤詩鈔元柏次子書字
響意諸生著有畫圖山房詩鈔新纂下同
張基臺號訒菴生而聰穎授以經書輒了了稍長博
涉過目不忘成童舉縣試第一雋於庠次年歲試
即以第一食餼乾隆己酉受知朱文正珪登拔萃
科是年舉於鄉贊侍郎光鼐時爲座師見其文嘆

曰此浙中名宿何久屈也嘉慶辛酉銓補金郡教職爲上官所器重基臺假館南北授徒甚衆每課期必自搆二藝爲程式至老不倦著有訒菴稿訒菴雜著應制詞賦别集等書未梓

吳之塏號月巖歲貢生稟姿卓犖博覽羣書尤熟精文選南華昌黎諸集極受知於竇學使光鼐詩歌學韓杜書法宗歐陽一時碑版每出其手授徒林立多成名者

錢錦山字蓮峯優文行少通經史能書善古文尤工制藝嘉慶癸酉以選拔入成均是秋捷鄉闈文名

精甚歷年掌教邑中登高第者多出其門生平好
奬借後進有片長譽之不置口或不韙卽面折之
不稍假道光間邑令李式圃屬纂縣志工竣游楚
南初王孝廉景章未遇時錦山與同學交最摯時
令零陵有政聲頗以振興文教爲巳任郵書招主
講席旣至都人士素耳其名問字者尤衆適教匪
趙金隴陷藍山王以能吏參幕府軍事旁午錦山
與有勞焉寇平王欲上其功固辭旋里復主講剡
山者數年家居爲人排解無虛日每以一言消釁
邑人賴之

宋仁華字梅莊居一都愛湖旁幼穎異善屬文性尤嗜學足不下樓者數載嘉慶癸酉舉於鄉己卯成進士需次家居授徒鄉里所造就者多成名士八都後尚書麟魁中丞麟桂俱受業焉道光癸巳選授廣東英德令權署恩平縣事以寬惠稱二年餘卸篆旋卒於省垣二麟既貴顯修師弟誼尤摯蓋不忘所自也著有碧筠書屋詩文稿若干卷

魏懋昭字德園白泥墈人與敦廉爲昆季行同學同遊庠同領鄉薦敦廉穎悟而懋昭沉靜以此名相埒癸未敦廉捷南宮懋昭下第汪文端招之曰生

今科復不中耶亟索場作觀之擊節稱賞已而知
以三場小疵見乙乙之者即文端也大呼負負由
是懋昭之名噪都下己丑大挑二等以教職用歷
署昌化縣訓導義烏縣教諭後任甯波府訓導主
講月湖書院門下多知名士旋丁内艱不復出後
敦廉數年卒
吕鏞字曉樓早知名學使阮文達元試紹屬古學得
鏞卷大奇之拔爲闔屬冠又以第一入嵊庠既而
阮膺　命撫浙召鏞辭不赴鏞博通經籍尤精於
易工詩古文詞歿後遺稿多佚僅存數種曰香稻

山莊賸詩叶南偶鈔摘豔薰香三墳訂譌

郭鳳樞字章華剡西人　恩貢生幼聰穎日誦千言年十四即補博士弟子員詩文以工麗勝屢爲學使所激賞三娶氏柴亦能詩閨門唱和灑如也

王景程字璞齋啟豐子也幼穎悟試輒冠軍道光壬午領鄉薦戊子預修邑志生平善行楷書畫亦擅長尤工於詩近元和風格己丑禮闈報罷南旋歿於吳江舟次年三十二士林惜之著有滋蘭詩草

周松齡字青峯父愛棠邑諸生有優行松齡幼穎異善屬辭道光間由選貢中副車乙未復舉於鄉文

譽爆甚時中丞烏爾恭額聞其名喜賀主司曰今浙闈得三名士蓋謂武林吴敬羲甌東王玉與松齡也試禮部罷歸以母年邁不復出里居授徒經指授者多得意去嘗修邑志葺城垣暨籌餉賑饑諸大事咸鋭身任之辛酉冬粤匪竄入奉母避居母卒松齡以哀憤成疾越數月亦卒

吴鵬飛字孚軒棠溪人拔貢生性端方明大義博學能文兼工詩尤善書法道光初充武英殿校錄工竣授教諭旋補太平士習丕振未幾卒於任

施燮字乃雍居禮義鄉性至孝父母年邁意或不合

夔每長跪作孺子泣不得親歡不起由廩貢歷署
烏程龍游昌化雲和景甯於潛學教諭善畫蘭工
詩著有南榮詩稿長子彰字葭帆諸生亦善畫著
有畫家易知錄越中名勝詩
呂夔煌字酉邨長樂鄉人性穎悟九齡時侍師夜坐
師曰汝能即景成詩乎夔煌口占月上山頭靜風
來水面涼之句師大奇之比長以詩古文雄於時
有至性事親以孝聞於人無少長煦煦親愛未嘗
立崖岸義所當爲又強力自任邑中公舉恒待決
於夔煌數十年間凡修城籌餉諸役多賴以集事

家故貧而周人之急常若不及以道光乙未舉於
鄉五上春官不第旋任臨安教諭甚得士心方倡
葺文廟未卒事以疾歿於署士林悲之著有師竹
山房詩文集四卷鹿門山水志數卷藏於家
邢佳畹字愚菴居太平鄉歲貢生性樸誠力學長於
古文爲學使江瑟菴所器重經史子集靡不研究
尤精詩學著有詩訓求故十卷
錢鎔字可山長樂鎮人郡廩生天才敏捷頃刻可千
言其爲詩古文辭踔厲風發一掃浮靡頗嗜酒酒
酣縱論古今人物臧否原委畢貫衆以人物志目

之喜經濟之學不屑爲時藝惟文獻之有關於郡邑鄉族者務悉心攟摭爲掌故資著有嵊志賸言二卷所見集十二卷草蟲吟一卷志中多採之其餘著述遺稿俱藏於家

錢煃字月樵邑廩生古竹溪人淹貫經史古今文援筆立就尤究心於經世之學垂老不倦著有邊防志三省洋防志等書皆未梓

魏蘭汀字夢香湖頭人性聰穎善讀工詩年十五爲諸生屢試高等食餼年二十九卒士林惜之嘗游學於越越人能詩者公祔詩巢蘭汀與焉著有夢

香草若干卷行世

嵊縣志卷十四終

嵊縣志卷十五

忠節

梁

張嵊父稷齊朝爲剡令至嵊亭生子因名嵊字四山方雅有志操能清言起祕書郎湘東王長史還爲太府卿吳興太守侯景圍建業率兵赴援邵陵板授嵊征東將軍嵊曰天子蒙塵何情復受榮號或勸迎降嵊叱曰吾以身許國有死無二賊劉神茂破義興遣使說嵊嵊斬其使遣軍破之景助神茂擊嵊軍敗乃釋戎服坐聽事賊臨以刃不屈執以

送景景將舍之嵊曰速死爲幸景欲存其一子嵊曰吾一門已在鬼錄不就爾賊求恩景怒盡殺之梁元帝追贈侍中開府儀同三司謚忠貞南史按李府志云萬歷志嵊生於嵊後遂家焉南史作吳人而高似孫剡錄載之先賢當有所據祀鄉賢

宋

張愸一名景說字欽甫紹定四年爲定城縣尉攝麻城縣事會仓人攻破沙窩關深入麻城兵不支被執脅之降愸叱曰吾氣吞若曹顧力屈耳吾從汝爲不義耶遂遇害事聞贈通直郎萬歷府志祀鄉賢

明

王禹佐宇之益三台子也讀書鹿山務爲實踐之學
天啓元年領恩貢銓考第一除保定府通判分駐
居庸關司昌平三區屯漕練達政事案無留牘周
歷三輔所至有聲宣大饑歲輓援餉十五萬皆刻
期至敘功加級兼署懷柔凡城守濠栅火器無不
修舉移鎮昌平州崇禎丙子烽火告警督府連檄
調回禹佐曰關有重兵而州無守備我爲其易誰
爲其難羽書再至不受內變突起嬰城不屈死年
四十有七子國宣中軍顧震同殉事聞贈光祿寺
丞賜祭葬諡忠襄祀名宦祠配享羅通表忠祠所

著有浙闈集

國朝乾隆四十一年

賜謚節愍崇祀忠義祠子國宣附乾隆李志越殉義錄勝朝殉節錄

丁國用居二十三都由軍功歷官山海奮武營參將

崇禎己巳赴援京城力戰死乾隆李志

童維坤字宏載居遊謝鄉附武驤衛籍登萬歷己未

武進士歷陞眞定遊擊崇禎癸酉夏剿寇大名連

戰皆捷冬赴援趙州追寇至內邱寨地勢嶄險賊

得所倚監軍副便盧象昇謂兵家乘勝可一舉成

功急令轉戰至摩天嶺象昇迎戰山南維坤迎戰

山北分翼沖突冠居高擊下維坤血戰死年四十

象昇爲文哭之事聞追贈都督僉事世蔭三江所

百戸維坤果毅負膽氣不避艱險優待士卒有古

名將風

國朝乾隆四十一年

賜謚烈愍祀忠義祠乾隆李志勝朝殉節錄

徐麟字我錫居白巖里由武舉考將材授江西建昌

營守備崇禎間討叛僧戰歿於南豐撫院題䘏不

報乾隆李志下同

張仲選號紫巖居秀異坊質魯而好學會病夢一物

從胸中躍出狀甚怪驚竊遂聰慧博通經史知縣劉永祚重之延爲小學師暮年爲諸生食餼李自成陷京師仲選聞報慟哭潛至西橋庵閉門自縊閱日覓屍色如生

錢茂權居長樂鄉明季以平黃巖寇有功授台州府總兵官後與朱大典同守金華戰甚力城陷遂死於難道光李志

國朝

錢世瑞字伯芝原名靑元道光戊子舉於鄉乙未成進士官河南溫縣知縣溫有鄉豪張濟寬恣睢不

軏瑞涖任卽寘之法上下獲安鄰邑有疑獄奉檄
會鞫多得其情加知州銜河南鄉試兩充同考官
得士望解任後値粵匪竄豫瑞與御史陳壇同守
歸德城陷遂與媳陳氏孫寶林姪惇性妻弟邢黃
中甥周慶望姻戚鄭鑑明及僕婢等俱被害事聞
賜祭邺就地建專祠入　京師昭忠祠
贈河南兵備道世襲雲騎尉瑞秉性端嚴言笑不苟家居
素以孝悌稱著有常惺惺齋集十卷已梓新纂

嵊縣元

卷二十 忠節

四

宦蹟

宋

商夢龍宋咸□戊辰進士初授梁縣主簿一日有犬號於庭夢龍曰此必有異乃令人隨犬去入徐員子家急以爪爬新種牡丹花下掘之則得一草束童子氣未絕良久獲甦曰我陳家子也夜出員子奪我頭上金珠飾縛而埋諸此鞫之服罪郡上其事陞梁縣尹後仕元爲廬州路治中楊震夏志作楊震龍反乃歸乾隆李志

明

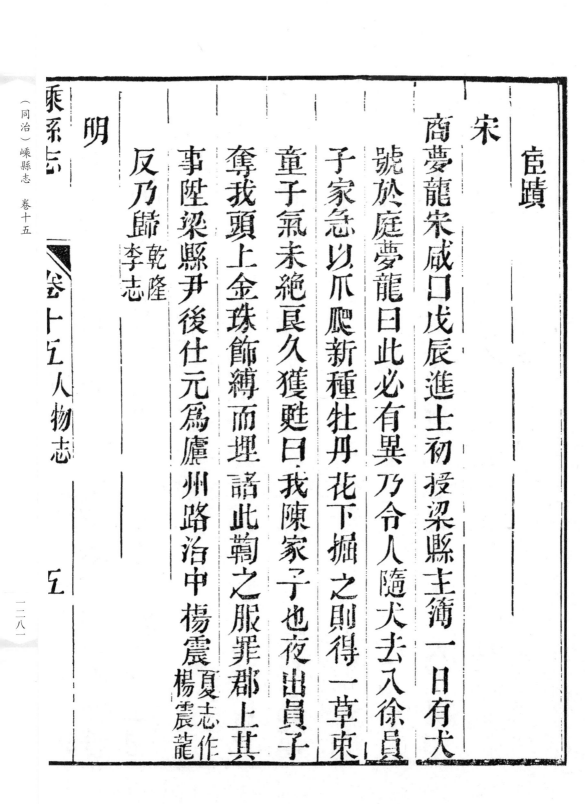

應尹字天民居崇仁鄉成化甲午舉人任南康府通判興白鹿之教改南康府剿寇有功居官勤慎道光志引周志列鄉賢今查周志專注選舉類考諸志亦然

胡宋字原素居東隅嘉靖甲午舉人任城步知縣化服苗蠻改會昌縣翦除姦宄民賴以安後居鄉邦爲鳴東關之累所在稱德道光志引周志列鄉賢今查周志專注選舉類諸志亦然

吳越岳字堯官居德政鄉萬歷己酉舉人授漢陽知縣調應山錮無田浮稅楊都憲漣率士民升堂祝之再調萬仟道光志引乾隆李志列鄉賢今查李志專注選舉類考舊志亦然

胡自平字節之原名守禮天啟甲子舉人瑞州府通判署邑篆除盜賑荒克盡厥職宦歸囊無餘貧時稱其廉道光志引張志列鄉賢今查張志專注選舉類考諸志亦然

國朝

高克藩字大垣號敬齋居東隅衙次子也性孝友讀書外無他嗜康熙戊午舉於鄉壬戌成進士謁選授江西靖安令下車急詢利弊修邑志庚午分校棘闈所拔多知名士嗣丁外艱服闋後補福建永福縣委攝長樂篆復委署海防同知稅額羨餘絕無侵染所至俱以廉能稱閩撫梅鋗特疏薦之旋

以內艱歸服闋補湖南湘鄉縣地廣事繁決案不假吏胥手奉檄度田人服其公未幾以中暑卒著有講學錄課士編君子堂詩燕臺新藝大垣眞稿等集行世新纂

葉朝諫朝忠弟字君極號行齋性孝友遵父兄教散財周貧之庚子由諸生援例入貢知施秉縣丁外艱服闋補樂會縣安緝兵民頌聲載道卒於官百姓德之有扶柩歸者子起葵邑諸生乾隆李志

陳錫幹字豈凡號聖巖弱冠補弟子員累應鄉薦不售援例得湖北石首令築堤禦江水民號陳隄甫

匝月丁艱歸服闋分發豫省歷署郲舞陽內黃有
惠政旋調安陽去之日內黃民攀呼夾道安陽城
環以壕自高平郗分洹水八渠南流爲萬金堤北
流爲萬金渠壕貫其中歲久荒淤與岸等旱潦輒
爲患輅力爲開濬民資灌漑尋攝彰德郡篆擢知
陝州時靈寶奸梟以議減鹽價相簧鼓民爲騷動
輅單騎諭以利害孅厰渠魁衆遂解散陝樸遬少
學爲增修書院講舍延名儒爲師捐廉以益其廩
給文風爲之一振逾歲遷同知開封府事尋攝衛
輝汝甯二郡擢河南守時大兵西討羽書旁午輅

躬親部勒動合機宜民悉安堵乾隆十五年
上幸洛陽自清塵除道外不煩吾一民而身習恪勤洪纖
畢舉會墜騎傷趾
上嘉乃勤勞
屢賜珍果
特命調守歸德歸德俗悍難治閭里豪猾好帶刀劍以勢
力凌轢州黨軺悉意剔除習俗大變屬郡九邑皆
廣野恃河渠以節旱潦一遇阻塞歲比不登軺慨
然歎曰吾曩令石首安陽盡力溝洫況此民衆地
大敢憚勤劬爰周視源流疏決盡利幹河支水淤

衍條分三月告成十八年河決江南銅山下游並
羅其害歸德與江南接壤輅力贊中丞經度其事
選料課工往來河濱晝夜不倦工竣舉卓異將晉
秩竟以勞瘁得疾卒時年五十有八道光李志
周熙文字卜昌號丹枝居邑東隅積學寡言笑以名
行自勵雍正八年歲貢邑令重其名聘主書院講
席乾隆間司訓象山象無訓署署於姜忠肅祠忠
肅山東萊陽人崇禎壬午闔門殉難時長子圻令
象奉主建祠歲久祀湮僅存遺像熙文出其主塵
土中葺祠置田供祀而別建一署以居甲戌告歸

象人懷其德教向有七賢祠皆祀教職之賢者因攺八賢祠所著有象吟草新纂下同按毛西河姜忠肅公祠堂碑記云公諱瀉里謚忠肅公之子一禮科給事中埰一行人垓也公尚有二子幼者從公死長者被創後亦死據毛記似無長子圻令象事茲從周氏宗譜採入或別有據存之俟考

高紹圓字允方居東隅克廣子博學工制藝雍正甲寅拔貢乾隆丙辰廷試一等簡發福建鹽大使攺授上杭峯市縣丞歷署涉縣羅源連城縣篆並著循聲攝連八月利興弊革值歲饑屢請上憲發賑存活饑黎無算告養回籍連士民鑴石頌德政建祠祀之

鄭文蘭號香巖三界人素博涉工詩古文善書法尤刻求經世之學以期實用乾隆壬午舉於鄉春官十五上不遇晚年鍵戶讀書課子有終焉之志截取文到堅臥不出邑令强起之始入都謁選初授陝西鄜令引見時　上以其有幹局能治劇改授福建邵武令下車問民疾苦革陋規卻供餽廉豪强健訟者治如法民以安貼決獄務平恕讞成牘上上臺使者輒曰賢明府又欲化大爲小改重爲輕耶延建邵道錢塘陳某甚器重之行部至邵謂守曰鄭令有學有守眞讀書君子也邵守憫其貧

囑幕賓道意曰有我在蚤圖之陞道檄各屬鹽必道邵武請過秤可沾潤也而文蔚卒不染與費錡浦相國爲同年友費撫閩時文蔚以勤職爲禮不往見其耿介類如此蒞任數年卒於官囊產不足償官累殁之日身無以殮惟以清白遺子孫而已著有周禮輯要春秋辨義平格堂詩草題畫小稿行世餘稿多藏於家

裘怡蕙字若蘭居崇仁鄉以附貢生援例授府經歷分發閩省署莆田令廉介自持有循聲嗣部選泉州府經歷未任丁艱回籍不復出

裘怡芬字薌山居崇仁鄉由選拔貢生朝考二等選授海甯州學訓導嘉慶元年舉孝廉方正不就居官以造就人才爲事因母老乞養歸道光間與修邑志

裘怡荆字紫材居崇仁鄉援例分發江西彌樂平篆有政聲旋以乞養歸大吏諭留之不得家居爲族黨理不平事是非無所徇人以是敬憚之

裘義成字酉山居崇仁鄉任江蘇靖江縣典史有賢聲公餘之暇寄情翰墨饒有逸致嗣奉檄委署太湖司獄捕獲劇盜境內肅然時稱能吏

王景章字星甫號睢園性穎悟饒膽畧嘉慶戊辰舉於鄉道光辛巳由謄錄謁選授湖南辰溪知縣辰溪民猺雜處素多盜景章編保甲嚴邏察籍武庠壯健者厚其廩給習藝應調所向必獲西南地名掃帚坪環萬山中爲羣盜藪時出刼莫敢誰何景章單騎率丁壯往捕獲其渠并黨與數十人火其居四境以安緬甸貢象貢使沿途繹騷役民夫千人景章偵知其私匿禁物因請於使曰辰溪土瘠民貧時方東作恐使役不給請得檢行李去其不急者使者踉蹌去遂不敢恣總督李鴻賓薦其才

調補零陵縣零陵亦多盜景章一以治辰治之嘗曰爲政必先除害害去則利可興也邑豪唐祖敦比吏役淩鄉里持官府短長大爲邑害景章陽優容之陰得其奸利十數事立置之法舊有濂溪書院歲久圮景章請於郡捐俸修葺聘名儒主講士風大振旋以卓異薦升授武岡知州未任調署桂陽州適江華猺匪趙金隴事起景章馳赴藍山防堵上書提督海陵阿陳夾攻策且約軍期海不從景章退自爲備賊匿精壯使老弱迎降海令前軍並進賊從兩山叢箐中衝出師遂大敗海及副將

馬俱死賊焰益張乘勢掠藍山景章堅陳以待賊始去時新田趙文鳳聚黨萬餘爲金隴聲援金隴往糾其衆破新田戕邑令據其城時盧宮保坤駐永州調景章復新田授以軍令悉聽調度瀕行問曰復新田當用幾何兵度幾時可復景章言無須兵前在零陵時練勇五百餘趫捷可用但得犒賞金二千足了事且屈指計云三月初四日當有捷音否則某畢命矣盧流涕撫之曰好爲之勝我自行也景章次日至甯遠雇夫役千餘人人持紅旗僞爲軍士旋抵新田賊素畏景章見其軍勢甚盛

不敢迎敵景章率所部徑赴之賊空城遁遂麾軍入城參將黃璽將從入賊忽回　城黃與之戰景章率壯士開城邀擊遂敗賊捷報適如所約期時賊衆我寡景章嬰城守日夜激厲士卒人無懈志一日趙文鳳遣諜探虛實景章知之使兵士執劍夾立街衢不繼則以後隊從間道出爲前隊諜者至不敢左右睨因謂曰汝從逆匪本心若悔悟當請於大帥待以不死諜感泣就撫者五千餘人既而湖北提督羅思舉大軍至賊竄遠羅謂景章曰君守孤城轉危爲安此奇功也羅前進追賊景

章繼之賊勢屢挫趙金隴焚死事平題升郴州知州未至任丁外艱服闋後補郴州知州時廣東樂昌縣開礦與郴毘連礦徒滋事景章會南韶道楊九畹按治其首惡地方以靖會崇陽鍾人傑倡亂牧官總督裕公至調景章理軍餉首逆就擒復令讞餘黨多所省釋敘功以知府升用不數月因積勞成疾卒著有居官隨筆

魏敦廉字石莊官地人明敏知大體年十五以賦春雪見賞於山陽汪文端入泮嘉慶巳　舉於鄉癸未成進士謁選得江蘇震澤縣未任　發審局獄

多平反會議禁洋烟敦廉請於上海崇明沿海處修整炮臺爲防夷計中丞卽以其議入奏旋改補新陽縣時值水災中丞裕文忠謙以各屬浮報滅災爲歉敦廉爭之力新陽獨不減邑濱太湖故盜藪敦廉請設巡船水柵有扁舟乘夜犯柵曰撫憲來敦廉曰雖撫憲必俟明日裕聞嘉獎之新陽文風亞各邑敦廉重修玉山書院厚給膏火每朔望必親與論文士風日奮會調繁解任後令徵漕幾激變中丞檄敦廉往諭新民見之歡呼聽命未幾漕盡完旋丁外艱歸講學白雲山庚子重修邑城

工竣加同知銜以母老不復出尋卒著有片石山莊草古文學製未梓厄於火故無傳焉

張景星字燦亭居雅張道光辛巳舉於鄉乙未挑南宮第一授庶常改安徽旌德宰置官箴十則於座右以自勵甫一載政聲大起民以張青天稱之丁艱回籍父老沿途踵送建去思碑於堂景星績學工文所梓慎餘軒制藝尤多傳誦者

王際昌原名際清字碩蕃居東隅父待璣孝義世其家僉從祖節愍祠與坊未建慨然任勞費道光甲申祠成乙酉建坊通越門而際昌適以是時入學

舉於鄉旋由教習授知縣分發江西丁艱回籍修
城垣費節而工固議叙加同知銜復之江西分校
棘闈所得多知名士初署星子邑多盜捕者輒被
賊害際清率兵役銳身往擒其渠寘諸法闔境肅
然摘發疑獄多奇中吏民不敢欺歷署靖安安仁
德興宜黃安義縣事後補崇義並著惠績時值粵
匪訌江右省會被圍際昌悉力籌禦論功得優叙
旋以勞瘁卒於官

孝行

南北朝

公孫僧遠（剡錄作僧達）剡人居父喪至哀事母及伯父甚謹年饑僧遠省飡減食以養母及伯父兄弟亡貧無以葬身自販貼與鄰里供斂送終之費躬負土手種松柏兄姊未婚嫁乃自賣爲之成禮名聞郡縣齊高帝卽位遣兼散騎常侍虞炎等十二部使表列僧遠等二十三人詔並表門閭蠲租稅（南史下同）

韓靈敏剡人早孤與兄靈珍並有孝性母亡無以營葬兄弟共種瓜半畝（瓜南齊書作苽）朝採瓜子暮生已復

遂辦葬事靈珍亡無子妻胡氏一作卓氏舊志作胡氏誤守節盧家人奪其志未嘗告歸靈斂事之如母

剡縣小兒建武二年年八歲與母俱得赤斑病母死家人不令兒知兒疑之問云母嘗數問我病昨來覺聲羸今不復問何也因自投牀下扶匐至母尸側頓絶而死鄉鄰告之縣令宗善才求表廬事竟不行

陳

王知元丁父喪哀毁卒陳宣帝改所居清苦里爲孝家里周志道光李志按萬歷志云剡志作汪姓戴冠志草作公孫未知孰是考南史陳張昭傳

云宣帝時有太原王知元者僑居會稽剡縣居家以孝聞及丁憂哀毀而卒帝嘉之詔改所居清若里爲孝家里當郎一人陳書與南史同剡錄亦作王知元

鄭僧保剡人居父母喪廬墓十載芝草生於墓甘露降於松柏剡錄

元

周傑字仲豪居開元鄉父歿哀毀骨立結廬墓側顏曰瞻雲周汝霖字濟民親歿亦廬墓三年建菴墓右顏曰思敬皆以孝稱道光李志下同

明

王瓊字廷玉世居孝嘉平溪里洪武間父以萬石長

緣事在逮廷玉詣縣請代獲允遂從戍金陵以勞瘁卒於旅次年二十五嘉靖間崇祀忠孝祠妻石氏守節見列女

應溫遠居崇仁鄉讀書尚義有府倅署邑篆索其父大成苞苴不與受庭辱含憤死溫遠慟哭廢飲食誓曰不共之讐吾必報之洎喪後持牒走訴通政司得引白下法司鞫問倅服罪人共快之乾隆李志下同

周傑字廷智居邑東隅父愚受誣論死繫獄時傑甫三歲見母悲泣輒嗚咽不能自已愚繫獄二十年傑年二十三走闕下上書請代累疏不報景泰庚

午覆奏慨切上憫之詔釋愚罪回家孝養十餘年居父母喪哀毀盡禮邑令許岳英旌其門

趙嵩居邑東隅父瘋母盲嵩兩扶掖之二十年如一日邑令許岳英表其孝

錢紱字仕彰居長樂鄉早孤母鄭口授孝經論語卽能成誦長事母至孝母殁見栝棬讀所授書未嘗不嗚咽流涕紱嗜學口不言利爲詩冲澹古雅著有頤菴稿

邢鏳居太平鄉早孤母錢年二十三植節撫之家貧孝養無缺母病躬視藥餌數年無怠色年四十未

室邑令許岳英捐俸擇王氏女妻之

周泰字叔亨用彰之孫成化間貢入太學授布政司都事以母老乞終養旦夕承歡非公事不入縣庭篤學修行人稱孝廉先生郡守戴琥禮重之著有菊莊集

邢浩球居三十八都父殁廬墓三年及母殁浩球年踰六十矣復廬墓終制而歸手植松柏有鳩巢之（乾隆李志）

成化戊戌歲大饑嘗以粟五百石備賑叔友善亦以孝行爲邑令夏完所重（道光李志）

錢瀛居剡源鄉性至孝母病兩次刲股和糜以進皆

得痊母年九十餘卒邑令許岳英表曰孝感
喻祿孫字希武居邑西隅事嫡母至孝母歿結廬墓
次晨夕哭奠冬夜虎兩入廬吼聲震地祿孫號泣
呼母虎垂尾遁去西溪張胃爲之傳雍正六年祀
忠孝祠
喻䂓字日章性謹恪跬步皆中繩度爲諸生有聲方
居憂太守洪珠固請見以衰服往珠稱知禮伯兄
袞課之嚴而䂓亦敬事如父性溫厚和平遇人無
疏戚皆接以禮嘉靖庚子舉於鄉庚戌第進士奉
使封高唐齊東二王昇絕饋遺便道歸省邑令贈

金二百餉取諸民槩曰吾幸一第忍以此累父老子弟耶卻不受其狷介類如此旋授工部營繕司主事壽卒不竟所學論者惜之

周時賢字希左邑庠生山之次子性孝友母遘疾籲天請代母疾竟愈父守保德訃聞殞地幾絕徒跣奔喪哀毀骨立見者憐之收父遺槁及父往來友朋翰墨珍藏之曰手澤所存談及必流涕嘉靖十三年授河南府經歷越九載歸卒於家道光李志

張玉字廷禮邑諸生父耄而瞽且病瘋玉棄舉子業跋涉江湖延醫療治勿愈每夕稽顙北辰以舌舐

之閲數年父目復明及居喪廬墓悲號至夜分輒
有猿啼廬外若助其哀泣云乾隆李志下同
金廷榮字仁甫居廿棠里事母求備極孝養每旦焚
香告天願減算益母母亡慟哭立死聞者哀之
邢順宗居太平鄉性孝母病刲股代藥以療尋愈鄉
人稱之道光李志
錢善性居四十都廬父墓白鹿繞其廬馴擾不去乾隆
李志下同
裘尚梁居二十九都母病割股以療得愈時孝嘉鄉
王舜周金庭鄉屠時仰並刲股救母

姚祖臯居晉溪父一章病羸家貧無以爲養刲股和糜食之差愈卒以貧故不給越七日父子相繼死敎諭王天和捐俸瘞之爲表其閭

袁璽居邑西隅爲諸生母病刲股父病又刲股並得愈父爲讐寇所掠璽入寨晝夜哀號求以身代渠魁憫而釋之爲斬讐首以謝兄弟分財無嫡庶推美取薄怡怡如也

邢琥太平鄉人年甫十二母張忽遘疾琥憂甚每夕籲天祈禱請以身代母愈乃懽早卒聞者哀之道光

趙膺字克文居邑東隅同父五人膺年最幼家政皆身任之親疾衣不解帶形容枯槁見者爲之感動生平以利物爲心嘗建祀置田以篤宗誼卒年八十餘乾隆李志

趙瀛字惟登膺之子諸生父病廢寢食五越月時嚴寒終夜以身溫之嘗糞驗甘苦以爲憂喜居喪齋素三年仲兄失明瀛敬事之撫其子如已出李府志

姚希唐字德欽號春野從錢緒山王龍溪遊父病亟醫禱勿效親爲嘗溲歿則致哀而愼於禮服闋以例補禮部儒士旋謁選得崇明縣簿迎養其母嗣

復循例入都聞母疾遂乞終養不待報而歸當事重其才屢檄召之卒不起設一榻於母側朝夕伺起居母疾躬調湯藥中庭露禱願減己年益母壽後母得目疾至失明希唐仰天號泣者月餘淚盡枯而母眼復明奉養二十餘年母以壽終而希唐年已七十矣擗踊哀慕猶孺子容榑在殯苫塊其旁一夕東鄰火抱榑而號頃之風返火滅卒年七十九張以誠誌其墓獻徵錄

應皞居邑西隅父亡足不入內室依母寢處者二十年母病刲股以進母得愈萬歷丁亥歲大祲道殣

相望岬煮粥賑之多所全活乾隆李志下同

周元齡字子遠居邑西隅少孤事大父母繼母以孝稱年十三補諸生家貧時以不能表揚繼母之節爲憾中年喪偶遂不復娶從父海門爲之傳

周獻成字信華佳七世孫通經術體魁梧力舉千鈞訪勝至鎮海關操總兵吳奇其狀貌詢之應對不凡試技勇鮮出其右者吳欲授以職以親老辭親歿廬墓三年道光李志

裘紹烓字可全居崇仁里倜儻有才以親老不遠出奉事惟謹居喪哀毀骨立鄉黨稱孝性好義能周

人緩急嘗適市有失金者號泣不欲生紹煒傾囊贈之有以貧鬻妻以逋鬻子者並爲完聚次子組舉崇禎庚子鄉榜官壽州知州（乾隆李志下同）

盧鳴玉字君式居邑東隅崇禎丙子舉人北上中途念母輒返庚辰登進士歎曰國事至此吾有老親當灌園擷蔬爲甘旨計毋貽母憂也觀政歸省口占一聯曰試看朱紱方來日正是黃粱未熟時至邗江卒以不及面母爲恨

徐惟英（舊志作世英誤）三十一都潭石人明季有土寇二十餘人掠其父去惟英年十四遠起尾之寇方酒酣

枕刀臥惟英潛拔其刃盡殲之挾其父出康熙初金華賊發土寇蠭起據天竺寺惟英領近都團勇往擊之其地四面陡絕入隘惟容一騎惟英先衆入縱火焚穴寇驚亂伏勇殲寇殆盡他寇聞之皆錯愕無敢犯事聞擢樂清千總加遊擊銜新纂

竺夢熊父汝舟舉賢良方正類爲刑曹出爲福州知府以抗直忤直指坐斬夢熊年十九聞父被逮徑詣闕撾登聞鼓聲父冤赦有司訊鞫鞭笞瀕死無異言有司論奏父得減死謫戍四川尋赦歸道光李志

金之聲字聖啟歲貢生居甘棠里生而清癯父母甚

憐之而之聲先意承志能得歡心鄉黨稱金孝子一日講孝經喟然曰聖賢大道始於家庭而致知力行與治國平天下之道俱在於是恒以之自勉并勉其子弟即耕夫牧豎亦必以服勞奉養孜孜相勗性耿介不妄交喜周人急難睦婣任恤視爲己分而終未嘗有德色邑令劉示旌聞之聲名思招致之六年終不得一面晚結廬墓次食不兼味衣不重襦夜則懸板爲榻一几一席而已自言父母生我無補於世聊淡泊以自引咎有甘露降墓木人謂孝感私謚孝節 乾隆李志下同 蚧

高希貞居南渡楫子也邑諸生父病不離左右者三年居喪盡禮崇禎丙子歲饑煮粥賑卹里有解糧者竊三百金遁邑令追捕輿家號哭不欲生希貞鬻產代償以全活之性恬淡不樂仕進課子讀書以詩酒自娛卒年八十餘

朱家宋字石帆居邑東隅奉繼母至孝事長兄如父疾篤躬親湯藥歴久不懈家故貧嘗賑粥施藥鄉里重之順治初舉鄉賓

胡繼周字二懷居邑東隅爲諸生事繼母至孝撫孤姪如己子督學按臨會姪病劇促之赴試不聽弟

病瘋扶掖七年所需藥餌無不具鬻產葬三世之未葬者繼周故大司馬喻安性甥也安性歷官四十年無所干謁屢舉優行善草書其墨蹟爲時所珍葢以人重云

周鏜字伯震居開元鄉昆季五鏜最長侍父疾不解帶不飲酒母或色不怡輒跪解之母素鍾愛季弟有拜經樓最高聳四野在望母問鏜析居事答曰凡樓上望見者悉與幼弟母曰果如此願汝子孫千億今後嗣蕃衍半於一族人以爲孝感所致云

道光李志下同

周憲字思綱居開元鄉父病割股及歿廬墓建葬口
白雲山以寄思親之意生平慷慨好施人感德之
周盛榮字文茂居開元鄉性好義知無不爲母病篤
刲股和藥療之及卒哀毁逾禮邑令以額表其門
周心聰字顯生居開元鄉父病垂危藥餌罔效默禱
刲股以進尋愈常周人之急閭里稱爲長者
周九英號星庵居西隅早失怙事母孝母或違豫親
嘗湯藥幾廢寢食母歿思之輒泣時有純孝之目
新纂
國朝

尹巽字庚三如度之孫弱冠有文名順治甲午拔貢入北雍丁酉試北闈會父歿不及視含殮每念及悲甚庚子舉於鄉甲辰登進士分吏部事大母能承順其所欲年八十餘病已革巽呼天號泣得復甦又數年卒人謂孝感奉寡母尤謹服食非親驗不進家貲盡弟主之未嘗有私性好義周人之急嘗迎養族之孤寡者平居恂恂與物無忤及卒聞者莫不哀之乾隆李志下同

錢守家居富順鄉時山寇肆橫掠其父任本兄守國去守家甫十二追隨六七里叩頭流血願以身代

不聽至寨伏地哀號渠魁憫其孝義並得釋歸後
四年病死遺腹生一子任本命名難孫痛其代巳
難也守國承父志善保護之人稱一門孝友
吳節十二者居始甯里事母孝家貧爲篙師積十五
金將娶婦藏牀蓐中母老而瞽一日發蓐失之十
二恐傷母心終不一言
竺王姐二十二都竺思聖義子也康熙庚戌三月虎
患思聖被嚙死從兄思文救之復死王姐號泣直
前扼虎頸同溺水塘中乘間脫走負父屍歸力竭
死

喻大基字九有棻咸繼子國學生考授州司馬職孝友敦行誼生父恭復臥病四年視湯藥不懈居喪足不入內閫事繼母尤謹康熙癸酉大旱糶粟給衣爲富家倡又出其餘以完人妻女掩人骸骨葺祠宇成橋梁好義若不及邑令聞其賢皆禮重之而大基終不以私事干也

胡長源居東隅父悅歲貢生母袁病瘋坐臥牀笫長源與妻孫氏晨夕扶持歷三十八年無懈容宗黨歎曰諺云久病無孝子惜未見長源夫婦耳

裘燦永富鄉生員父允奇明郡庠生早逝母陳卧病

十餘年粲日侍湯藥滌垢穢寒暑無閒性好施與勇於爲義族黨咸賴之

趙起龍居東隅父諸生復袁目雙瞽母錢又病瘋起龍侍飲食起居者三十餘年子藺如辠如恪承家法四代同居邑令王朝佐謂不減鄭義門云

高紹寬克藩次子幼瞽母周病喘日夕倚牀審聽氣稍促輒憂形於色一日向婢索利刃封股父斥止之泣曰兒本廢人使母病得愈死何足惜克藩卒湘鄉縣任紹寬南向號泣以不得奔喪爲恨課子天祚有義方

張厚望居秀異坊性醕謹幼孤鬻薪養母事必禀命飲食非親嘗不進夜寢視枕衾高卑厚薄然後退晨起即趨省以爲常母病終身茹素求益母算鄉里重之

宋彥博字秉彝邑諸生康熙甲寅羣盜蠭起鄉人皆奔竄彥博守親柩不去或趣之行曰事死事生一也安有親柩在堂而委去之乎癸酉大饑發粟賑給有鄉人負逋見逼將鬻妻彥博爲之代償不問姓氏

周瀚初居開元鄉性孝友事繼母能得其歡家僅中

人產父所遺悉讓諸弟而以奩貲自給人多其義云
吳炳忠字大文光廷三子性孝友嘗館百里外聞母病及晨而歸割股療之尋愈雍正二年拔貢考充覺羅教習乾隆丙辰中順天經魁期滿授廣東知縣未任卒炳忠工於詩嘗與修邑志
汪宗琦字景韓歲貢生七歲喪父事母至孝篤志力學屢舉優行年五十六病劇惟以母節未旌爲憾
張統字一撰父灝老病統親奉湯藥十年不倦族內

貧乏恒給米粥棺木置義田十畝以贍族其子若孫遵行三世道光李志

鄭凝仁邑人時有虎患凝仁父傷於虎與弟製檻甕虎二祭父墓嗣又獲虎三鄉人請傳其法獲虎二十餘患遂息邑人蔡涵爲之傳李府志下同

單啟爵居十七都祖老病噎啟爵侍湯藥不解帶疾甚割股以進嘗糞穢甜苦又孫孔亮十三歲時父病劇割股進之父病良已惜早卒

錢均猷郡志及邑舊志俱作獻字公衡邑諸生乾隆二十二年里中饑發粟以賑父病割股進之獲痊年五十四

自知死期召親友沐浴更衣而卒

周克友性至孝年十二歲父病割股以進卽痊母病仍割股亦痊父母俱享長壽人皆稱孝感所致平生捨已資造甯橋建義渡尤爲閭里所重

鄭光縉居長橋父惠政諸生於乾隆三十五年赴江西德起任所旋德起以丁憂回旂惠政偕往四十二年以後不通音問四十六年作光縉別母進京訪德起家知父已死其柩係山西人高錫西安厝而錫西亦回本籍無從詰詢光縉呼籲無路訴九門提督英廉准飭示寄柩處始得認屍負骸歸里英

稱其孝給銀五兩以嘉之（道光李志下同）

邢協紹字子成居太平鄉早孤事母盡孝母歿廬墓三年學使李表其門

鄭尙忠字一菴恩貢生居德政鄉性孝友品行端方臨財不苟善水墨葡萄興至即畫或挾金求輒拒之年七十餘居父喪廬墓三年不以老而減其哀焉

俞純玉前岡人割股療親學政彭給額奬之

吳啟駿字飛黃桂先長子幼多病酷嗜學侍母疾衣不解帶居喪過哀勸之讀乃稍解父病劇割股不

效窘無以治喪謀諸婦丁氏以奩資所置田售用丁亦無難色教四弟俱成名尤喜奬勵後進其爲文得力於古惜屢困場屋以上舍終

王丐佚其名乾隆間遇歲祲負母乞食得甘脆持以奉母母病死哭之甚哀亦死於母屍側里人憐而葬之立碣題曰孝子王丐之墓在太平鄉𡊨頭北上橫山旁

史載肇邑武生父病劇割股和藥以療壽愈工詩著寐餘詩草

周架字子偉居開元鄉年甫十四父病劇百藥無效

默禱籲割股以療頓愈奉繼母尤盡子職郡守以
孝行可宗奬之

周崇藩字介侯開元人父錫臣有德行適遘疾垂危
自謂死生有命藩旁皇莫措默禱於神割股作羹
療之後其妻徐氏因夫疾亦刲股作糜

周子倫字建鼇邑諸生好學事寡母不忍離左右遂
絕意進取奉養終身邑令以節孝流芳表之子倫
喜吟詠有鳴巷集行世

錢順敬居長樂鄉母病割股以療子事偉甫成童隨
父樵採父被虎噬拚命博虎遂得脫人謂此順敬

割股救毋之報云新纂

陳凝週居積善鄉父病劇延醫調治時七月秋汛暴漲週因父病垂危冒險過溪失足而殞見者莫不哀之邑令以宗族稱孝表其門道光李志下同

安在文父宗輝紹協右營守備卒於任所在文晝夜悲泣吐血斗餘卒

袁德紹幼失恃事父極孝次子廷奎亦篤於至性父患咯血在牀蓐十餘年嘗穢以驗吉凶刲股以療不令家人知嘉慶間學使周兆基以孝友延年額表之

張基雲字龍嘘歲貢生月鹿次子也幼聰頴善屬文工書與兄基臺著名於時執親喪哀毀骨立廬墓三年敎諭李增贈詩云守墓空山曲麻衣血淚新賤貧親不棄生死鬼爲隣澗水流終夜巖花閉早春禮經時一讀哀感路旁人

錢翰字宗周居長樂鄉昆季四翰居長秉性篤厚母病侍湯藥歷久不怠勢垂危割股療之時年甫十七人謂其至性天成云

錢南字弓先邑監生奉母克謹母病親嘗湯藥病劇焚香告天割股以求身代壽愈克享高年乾隆壬

申歲饑捐米百石餘以濟閭閈府志下同

錢楚珩字傳壁邑監生事親無違父病親嘗湯藥不離左右者二年鄉里稱其孝昆季之間怡怡如也又好施與遇荒歲必捐米石以濟貧困并捐科舉田捨棺木祀孤魂

過芝之時居厚仁莊事親孝道光二年春同父永潤往省祖墓至新石溪水暴漲父失足墮水芝之奮不顧身投水抱父將近岸被激浪衝散迴身再抱如是者三遂俱淹死邑令李景韓以事類曹汀額獎之道光李志下同

裘邦才事繼母孝母卒廬墓三年邑令李光時給額獎之徐正緒亦事繼母孝母卒廬墓三年邑令陸玉書給額獎之葉大邦父病割股及殁廬墓終身邑令李式圃給額獎之

王克鋭居上王莊母病割股年饑出粟以賑

錢鳳苞原名飛字芳梧居長樂鄉邑諸生有聲士林母病割股療治性尤慷慨佽助交遊周恤貧乏輒以尚義樂施爲時所重

竹興蛟居篷節鄉事親孝乾隆戊戌父病興蛟往禱於四明山願以身代比歸刲股投藥病得痊逾年

復病晝夜奉侍衣不解帶者數月父歿廬墓不忍
去新纂下同
裘兆彪字世福居崇仁入右庠例贈修職郎事親以
孝聞母病篤刲股以進後雖盛暑不去衷衣恐露
瘢也父歿廬墓不忍舍事繼母亦孝謹母病親侍
湯藥衣不解帶者累月生平勇於爲善排患難振
匱乏及修築廟亭橋梁不勝數咸豐四年督撫奏
請以孝子旌奉
旨建坊入祠長子坤元邑廩生中道光辛卯副榜因親老
不忍遠行就職教諭家居授徒問字者成市辛丑

夷人擾甯辛酉粵匪入境坤元俱預修城堞籌團餉及善後事宜一方賴之幼子震元太學生天性孝友饒有父風時兆彪既耄坤元復專力於學事無巨細悉震元肩之諸能曲承親志以成善舉惠沾鄉里卒後數十載行誼猶膾炙人口云

章華字道傳增廣生居一都性至孝早失怙恃恨不逮事歲時祭奠輒哀泣不自勝每外出過祖父塋所雖雨雪必下輿泣拜居恒教弟子有法受其教者多成端謹士

李德忠陶家莊人幼失怙事母以孝聞性嗜酒醉輒

嫚罵人聞母至屏息不敢動家貧奉甘旨無闕會
嵊饑德忠在會城爲人司會計偶出觀劇適演琵
琶記至翁媪食糠覈嗚咽不能仰視其儕拉至酒
肆德忠泣不能飲衆詰之曰吾鄉饑老母不足饘
糲食吾忍飲酒耶即日渡江歸而母適病德忠侍
疾調護倍至十餘年如一日母卒營窀穸去莊五
里中隔溪既葬德忠往視墓天大風雨溪流驟漲
半涉幾滅頂卒達墓所遂廬墓不歸里人憫其瘁
間致酒食則受飱反酒曰母在恒戒余飲酒今背
之余懼傷母心也三年然後歸又五年卒

商世林居繼錦鄉居恒以力作供甘旨親病刲股療之親歿廬墓三載性尤樂善凡諸義舉必擴力以佽多爲人所稱云

邢績元太平鄉人事後母以孝聞母善病多方調護務使獲安而後已越數年母病垂危弱弟四五人環床泣元計窮赴禱於城隍神一日夜往返百數十里得籤歸占者謂刲股可瘳急取刀調一臠以進不數日宿痾盡失老且益康云

過永球金潭莊人事母甚孝道光甲辰秋上流發洪溪水驟漲十餘丈永球母錢氏老病不能避永球

又病足力不能負母人促之去永球守其母不肯行水至俱被淹永球緊抱母逐流數里遇拯母子俱生時邨中爲水淹死者七十餘人惟永球母子遇救得免

吳之淵號靜山棠溪人父病割股以進善事後母里黨無閒言嗣爲胞伯鳳池後事繼母亦如之

單仁量號慎齋居忠節鄉有孝行父病默禱刲股和藥以進仁量歿子義俊廬墓不二年亦卒

單殿颺居剡東裏石門父病刲股裴兆淸居崇仁鄉母病刲股駱鴻志居崇安鄉母病刲股

錢旺漢長樂鎮人生有至性三歲喪母即悲號不食及長事父甚謹家赤貧不以貧故缺甘旨父病多方救護不得已刲臂和藥以進病果瘥及漢卒其妻始以刲臂事告子啟臂刀瘢在焉

錢旺鑑長樂鎮人家世業農咸豐甲寅一夕家中火鑑方外出聞火起急趨歸覓母不得即奔至室中時室已危甚衆持之不顧遂闖入火中負母出母已垂斃於火旺鑑焦頭爛額幾不可識衆舁至空闊處時尚能言曰我何足惜惜吾母之斃於火而不獲救耳逾時遂殞

盧起菁居蓮塘幼喪父家貧力傭供母母病劇割股和藥以進病尋愈

呂福祿邑西黄勝堂人也幼有至性方五歲時見二十四孝圖卽有感未昏持扇入寢室驅蚊旣昏必先寢問其故曰吾欲飽蚊之腹勿以饑而噬吾母也冬祁寒衾如冰必以身溫之方呼母寢越六歲卽不茹葷以期報母恩人咸異焉年甫八齡卒東陽盧梁爲之傳

嵊縣志卷十五終

嵊縣志卷十六

義行

宋

吳孜仕監簿居三界里嘗從胡安定學名聞越中嘉祐間會稽謀建學孜即捨宅爲基今學中祀孜祠存焉初學成太守張伯玉至以便服坐堂上孜鳴鼓行學規伯玉欣然受其罰王十朋題其祠云右軍宅化空王寺秘監家爲羽士宮惟有先生舊池館春風長在杏壇中　乾隆李志郡志作會稽人會稽鄉賢祠祀之今仍舊邑志載入至題其祠作贈以詩則時代不同捨宅作捐地則詩旨不合今從郡志改正　按明成化間

始割會稽二鄉隸嵊其
爲會稽所祀也亦宜

張東字大道清化鄉人侯之父也有膽畧好奇計宣和二年青溪民方臘作亂連陷睦歙杭婺州縣不軌多遥應之嵊令莆田宋廷實死於盗盗遂横三年二月東與長子赤夫間行赴越獻策會睦寇謀渡江犯越官吏多逃去知州事徽猷閣待制崇安劉韐飭戰守備得東甚喜委任之破睦寇後會州兵至縣平桃源求道人賊洞又自部鄉兵攻俞四賊砦破之復合州兵剿錢來明等於鹿苑嵊盜盡平上功贈奉議郎東不受賞初東在淑賊黨王審

四劫其室妻死之少子志德亦遇害惟毋得免東繼室求生倬及俁新纂

王愷字舜臣衢州刺史璠之子也稟性端雅少承家學及長往從朱子遊學益進嘗建書塾以課族人并四方有志於學而貧者置田三百畝以贍之道光李志

姚景崇字唐英胥溪人開慶中建義塾一區延師設教英俊多遊其門張志

竺昇原名訓幼穎悟師事呂忠穆呂授以易理淵源既而宋鼎革遂絶意仕進顏其居曰東山樵屋同

里張㷍三歲失怙昇鞠之如子及長割產授之㷍之學亦多本於昇云昇少時嘗隨父獵父見一雉引諸雛伏山陬將射之昇諫曰殺其母如羣雛何其仁慈蓋天性也道光李志下同

竺天祐昇之子大德十一年歲饑天祐發粟賑給近鄉皆賴以生邑令上其事詔賜冠帶

元

相大有永富鄉人敦尚孝友同居七世內外數百口從無閒言有司以聞詔紹興路總管泰不華旌門義門乾隆李志下同

應源達慷慨嫻方略元季盜起郡邑不設防禦鄉落屠掠烟火間然原達散粟募壯士出奇襲擊寇爲之卻事聞授義兵萬戶洪武初追敘保障功將加職引年歸

張賓暘字芝軒元至正間奉母避亂以孝聞洪武時元舊臣顧碩以累匿賓暘家凡十年家人有不知者戊寅大赦顧始歸有北賈寄貲於賓暘北賈病賓暘以金還之而賈已死無妻子乃爲營葬納餘金於壙中道光李志下同

竺盛元末台寇擾嵊盛集義勇捍衛分省李平章鎮

紹興以便宜辟爲盟威將軍鎭守台甯適歲饑盛爲請免租賦洪武初改授福州府同知

明

竺瓚孝嘉鄉人性孝友其家祖父同居已四世一門二百指戶大役煩瓚綜其事從兄璟以罪被繫瓚念從父僅一子已有兄弟三又有子當以身代走白於官言犯律者我非兄也官乃繫瓚而釋璟瓚竟死於獄史官宋元禧爲之傳萬歷志

張秉玉居富順鄉性孝友明初著令吏侵公者戍秉玉弟拳以他人事連坐逮至京秉玉隨之行叩闕

白弟寃而拳不勝假鍊自引伏坐秉玉誣告罪并
繫獄遘疾上疏自咎竟死獄中乾隆李志下同
鄭敏行倜儻好義西隅張錢氏夫亡守志子仁貧不
能娶敏行重其節妻以長女妙炎給之房產越數
年兵亂妙安被掠不辱死仁念婦貞不忍再娶敏
行曰不娶義也但無子如母氏苦節何復以幼女
妙甯妻之給奩田百畝妙甯歸仁生子玻中永樂
戊子鄉榜官長沙府教授
鄭思信居東隅樂善好施永樂己丑大祲捐穀二千
石以賑邑人賴之

尹孟倫居東隅與弟孟遠皆慷慨好施永樂壬寅癸卯歲連歉出粟賑濟不下千石

鄭思敬號畱耕居德政鄉尚義好施宣德八年夏澇傷稼民多逋賦思敬出米數百斛代輸之正統五年朝廷籌備荒策思敬又出穀數百石以實義倉值東作時躬親勸課或借給耔種修築陂塘以資灌溉鄉人德之子欽字樸菴性至孝父病疽親爲之吮既葬必晨赴拜墓往還二十里許不因風雨阻母陳性嚴毅事之惟謹歲饑欽與兄鐔弟鍔各出穀萬餘斛減價糶全活無算里人名其居曰遺

德堂道光李志下同

魏季先字懋質居崇節鄉性好施與先世徙自上虞故遇虞嵊兩邑災荒一體賙恤正統庚申上虞災輸粟四百斛賑之所居有慕親集義耕隱等室族人蕭山尙書驥贊曰孝聞於家善聞於世餓殍貧乏之均沾其惠其氣浩然無忝集義積德彌長慶垂後裔

馬德忠居孝節鄉正統壬戌歲大祲出粟一千三百石備賑有司以聞詔旌義民乾隆李志下同

吳偉字伯奇居棠溪正統時出粟餉邊詔封義官

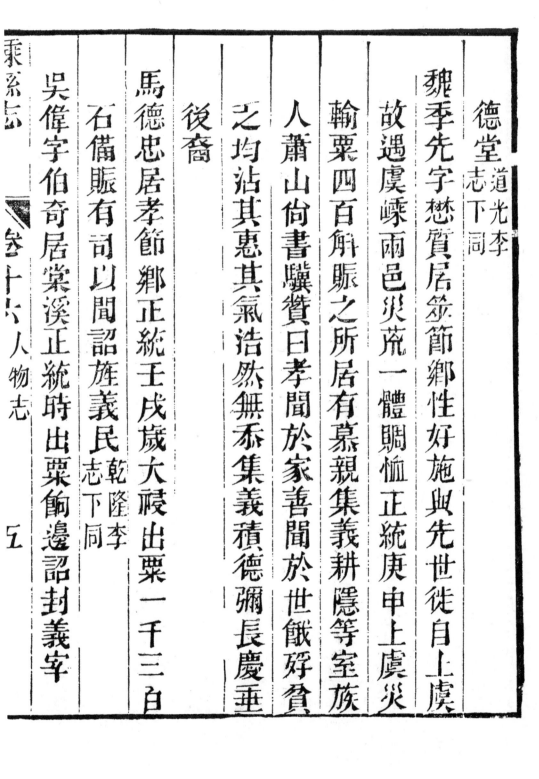

邢浩琮居太平鄉正統時與弟浩琉浩環出粟餉邊
詔賜八品冠帶道光李志

應溫遠居二十四都正統間郡守白玉至嵊視學令闢儒星門外地地故溫遠産邑令孟文請售於溫遠溫遠辭其值捐地凡袤二十有七丈廣十八丈成化初邑令李春敎諭戴委復議增闢三十四都樓秉直與弟克剛捐地若干丈明年縣丞方玘更闢學門外地二十三都裘守良守儉二十九都裘彥功同捐地若干丈乾隆李志

張佩居清化鄉性慷慨好義宏治初捐地廣學宮大

成殿至今春秋祭須胙焉道光李志下同

錢照字光顯邑諸生居瓊田里好施與宏治六年歲大饑詔募賑濟照傾囷爲一邑倡邑令以其事上聞冠帶榮之

周用彰字邦達居西隅元提舉承祖之孫家富而好善卒長子澤榮輩捨藥賑粥夏則施茶冬則濟渉爲萬石長無絲毫苟取兄戍卒以貲產與姪鄉里義之年七十餘卒子孫若山等多登科第乾隆李志

邢浩璇宏治癸未歲大祲道殣相望出粟五百石賑饑全活甚衆道光李志

張堅居東隅好義疏財有求必應不責其償橋梁道路多堅剏修而未嘗居名子政景泰四年鄉榜官中書舍人贈堅如其官乾隆李志

周克恭用彰之孫支丞昇四十八都人裘廉裘江十六二十九都人並於天順丁丑歲饑捐賑各出粟數百石鄉里德之張志

王文高字斯浩居華堂里事母石氏孝臬司辟爲從事以母老辭後郡守以人才舉亦固辭嘗建家塾捐田百畝以課子姓至卹貧除道修橋惠在鄉里裔孫皆能繼其志按文高孝子瓊子乾隆李志下同

周昺克恭子邑諸生性嗜義父所遺產悉讓兄弟撫
從孫教之成立嘗爲人白寃得釋其人持金謝昺
卻之曰毋以是汚我其耿介如此
王春字陽仲文高孫家素封景泰天順間連年歲祲
設粥濟困成化四年又大旱出米三百石助賑郡
邑上其事詔給七品冠帶凡諸修建善舉尤多道光
李志
夏叔倾天順中飲越中酒肆客有被酒遺其囊者倾
獲囊視之約五十金疾追弗及明日仍俟於其處
失金者號泣來郎畀之後夢老人抱孩以與遂生

子雷領鄉薦官羅田縣知縣萬歷府志

周鋭字伯潁居開元鄉性好善構亭施茶捐資置祀産宗人義之成化間歲歉出粟以賑有詔出粟四百石者給七品服鋭辭不受乾隆李志下同

王驄字熙仲瑄之從弟宏治五年水嚙南城公舉驄督修之城以繕完癸亥己卯歲大祲驄發粟賑給幷勸各鄉有餘者共賑之全活無算

胡淮字宗豫居邑東隅正德初爲諸生與其友鄭軫同試貢淮得中式以軫衰貧義不忍先竟讓之後二年復舉貢任光州訓導遷武昌教諭乞休歸結

盧金波山所著有歸田錄坦菴錄萬歷府志

邢舜祥字時鳳居太平鄉嘉靖丙午舉人性耿介植立名節上春官覩楊忠愍下獄慷慨形詞色擬登第當爲論救遘疾卒瀕死猶言之其義氣類如此

按道光志屬周志列鄉賢而周志只載選舉類諸志亦然茲亦能尙節義者今以類從列此

尹良臣居邑東隅富而好義施棺以千計嘉靖間邑令吳三畏築城捍寇遴良臣掌其籍綜核出納毫無偏徇不足則捐貲佐之子如度任邳州倅好義一如父初良臣以吳令築城功建祠望越門內置田三十三畝零春秋祀之後爲守祠者私售去如

度出而理復又益田五畝人稱能繼志云乾隆李志下同

鄭廷貴居東隅嘉靖間捐銀數百助築城垣又輸粟備賑知縣吳三畏嘉其義爲免一門夫役

周河用彰裔孫多隱德有少婦失衣飾懼姑責偕夫將自盡河出全之婦感甚潛至河居謝河正色遣去嘗拾遺金還其人後以孫汝登貴贈光祿寺卿

王謙文高之後性好施置義田延師課族人又建葊於陳公嶺北之上塢以憩息行旅捐田三十畝施茶召僧掌其事而事母尤以孝聞

王誕字洪夫文高之後性孝友色養無怠遠祖塚湮

沒者六代尋訪其所葺亭置祭爲貞祖母石大姑
建專祠好文墨有十樂歌傳於後卒年七十張志
吳世輝字蘊之居崇信鄉居平誠謹與人處皆以古
道相期時稱爲長者隆慶間貢生授寶應訓導遷
沛縣教諭課士有方爲上游所重以引年歸乾隆李志下同
王尙恩字惟庸諸生居華堂里力學砥行妻死不再
娶遺一女適俞婿死女守志不他適依居父家益
貧若嘗作久雪詩曰鄰家幾間爐烟寂過客誰憐
足跡稀偏地瓊瑤難療腹此心良不愧夷齊從弟

尚忠亦妻死不娶族子應昌置田並祀之

姜世用居江田里萬歷戊子己丑歲連祲先後發粟賑濟有貸而不能償者即焚其券又嘗捐貲葺南橋人咸義之

周亮起字汝瑞居四十二都生時母夢彩鳳自雲中下遂名雲鳳少遊成均論交多海內名士以思親歸事父及繼母最孝䘏貧賑災不遺餘力年七十三卒彌留時有氣如雲繞室不散者久之

袁日曜字子光性孝友冢兒謁選北上次兒爲諸生事舉子業父病羸事無巨細日曜身任之未嘗言

勞家兄歿檢遺笥得白鏹數百一縅在旁門宇無
他人願與均分之日曜艴然曰吾敢欺天欺兄以
自欺乎立呼兄妾轉授兄冡媳未幾以胠篋告日
曜别營金治喪終不一言從子某饒家財無子及
卒族人析所有日曜獨弗往有司以齒德聞詔賜
冠帶歲給粟帛卒年八十七能預道死期云
周昊字源廣住之弟年甫十四家被盜擢室人不免
給賊曰汝所欲者金銀耳隨我至藏所可也同至
普惠寺前山坑間無所得遂遇害族人哀之道光李志

下同

周敬範字大章居開元鄉性耿介嘗詣紹隆菴拾遺金數十守以待其人泣至曰貸以償官誤遺於禱佛時也遽還之又有曹姓者遺金肆前忘其處呼而返之

尹如環字無端居邑東隅讀書有志操嘗於明心嶺纍石成坦道行者便之居平種花蓄魚逍遥自足年九十一　按乾隆志舉喪偶不再娶一事列義行未允今據地理志所見改正

喻安情字和卿思化次子貢生師事周海門崇尚儉約處貴介淡然布素也兄安性任薊遼總制安情借之行邊將持金爲壽屏不受居恒絶足公庭所

著有自修篇（乾隆李志下同）

尹立相良臣孫也世有懿行立相能繩武好善不倦

完人妻女周人貧乏所交遊皆名士子長志廷（見鄉賢）次志燧字仲明鄉貢士貧而勵行課子弟書不計束修有羈旅不能還者竭已槖以資之辛巳歲饑貸富家金賑署子名於券以示無負其好義如此

尹志和邑諸生如志孫也如志好施與志和承祖志能分惠鄉里崇禎丙子歲大祲出金三百賑之辛巳又祲復出粟賑邑令劉永祚鄧藩錫兩申上官

表其門舉鄉賓年八十餘卒

童有成字化徵慷慨有大度歲歉出粟以賑會山寇竊發郡邑堅壁自固漸至延蔓有成集鄉人扼險守禦東鄙藉以無恐而鄰邑借是陷之提繫省獄事白而產罄矣有成終無愠色

葉乾元上崗樵夫年四十不娶不葷酒得錢輒以予人崇禎丙子越郡大饑郡守爲粥食饑者乾元日給柴數束供炊辛巳嵊復饑役於縣如初令曰善人也名曰長善獎以金不受乃表其廬曰方古義俠

吳曰正居棠溪邨崇禎辛巳歲大侵曰正首倡賑濟
質產以活其鄉人於是各鄉效之多所全活
袁祖禮字恒初居邑西隅孝友義俠爲時推重析產
盡以腴田讓兄而自取瘠薄者施令建南橋鄧令
建明倫堂水火神祠先後捐輸不下數百金復葺
學宫兩廡構義渡菴崇禎丙子辛巳歲洊饑繼以
疫祖禮發粟製櫬賑恤殯埋之南橋圯歲設杠以
濟終其身
袁有瑞字爻呈祖禮從子也邑諸生家世好義有瑞
稟庭訓能任恤其鄉里有負逋訟者必爲解紛至

鬻田代償弗惜坐是家屢空卜居蓮溪躬耕自給恬如也與人言皆孝友所著有課兒百咏

邢明浚居太平里幼孤偕母力作以養三弟一妹及長爲之婚配家稍裕輒以餘周貧乏暮年析産悉出所有分給三弟弟曰此長兄辛勤所致請以半歸兄我三人分其半足矣固辭不已母命均析乃從之弟明僑明侶明佐也

國朝

鄭燮字居德政鄉幼習經史比長有勇藝以里中屢遭寇掠遂棄舉子業爲禦難計順治五年山寇王

桓勳繑發餘黨由虞犯境鄭氏宗祠被焚燮宇團練鄉勇追賊至蔔荷嶺遇害衆皆傷之爲歸葬先塋道光二年上其事學使杜堮以義烈堪師頒獎之道光李志

尹膺晉字君賢如度子補諸生慷慨好施與弟膺肇無子日夕焚香告天願減已子與弟弟遺一女已字人貧不能娶膺晉治奩嫁之並與以田子巽登進士乾隆李志下同

葉朝忠字鳴珩居五都家素封父某歲發粟製衣以給貧乏者十餘年朝忠遵行不倦戊午援例入貢

敎諭遂昌

尹萃禎字上升居東隅逢吉子也母劉孕時持齋虔禱冀得賢嗣故萃禎墜地聞葷腥輒嘔弱冠成諸生貢入太學兩試北闈不售遂歸養親生平跬步皆有繩度扶危周急未嘗有德色北鄉楊維谷爲賊誣陷不能自白將鬻妻繳贓萃禎聞立賫銀完聚之其好義類如此

史孝本字仁之居昇平鄉敦孝友侍父疾至夕不怠減女乳以乳幼弟及長爲之婚配分給巳產伯某嘗失藏金意孝本得之遂來索償孝本即如數以

予及伯得原金持還不受知縣張逢歡舉爲鄉飲
賓

宋大猷字君亮居西隅邑諸生崇尚孝義季弟君維
早世弟婦沈年少遺孤在襁褓大猷周䘏撫護之
以全其節康熙癸酉歲饑雜粟煮賑其他修宗祠
輯家譜造橋梁完人夫婦尤多義舉云

周履順字自吉居東隅邑諸生與前母兄履泰友愛
父殁母秉家政盡畀以祖遺玩好母殁悉出與兄
聽均分或導之營私履順曰兄弟一本卽己物亦
當共之況祖遺乎人以爲難

尹遠望字渭佐莘禎子博學工書法幼失怙恃育於祖母劉遠望事之甚孝家素封與弟遠服至老不析居亦無間言性好施康熙癸酉歲大饑蠲租賑卹爲一邑倡辛丑又饑有棄女郊外者遠望抱歸乳哺甚殷及病篤囑弟遠服善視之服承兄志爲擇婿厚奩以嫁蓋兄弟敦尚古處得家法云

劉大成字維宗監生康熙甲戌歲歉鬻田三十畝以賑邑人義之

馬驊字南章居孝節鄉武學生性孝友嘗捐田五十畝供宗祠祀事宗黨戚里有貧不能婚娶者多周

邮之康熙壬寅歲禱鬻田百畝易粟千石以賑知
縣宋斆申請疏題
賜入品冠帶雍正甲辰歲旱復倡捐煮粥以賑多所全活
知縣王以曜申請疏題准入孝義祠

丁珣字允鍾居東隅諸生性好施康熙己丑歲大旱
議賑首倡捐庚子又饑倡捐如初餘義舉皆力爲
之母病婦尹氏刲股以療婦旋卒子僅三歲感其
義終身不復娶山陰沈冰壺爲作傳

周忠壁字連城居開元鄉輕財好施康熙間兩次遇
饑出粟數百石以賑全活甚衆邑令宋斆重其人

兩請賓筵不就道光李志下同

唐朝法字禹仲居筮節鄉上唐莊康熙庚子辛丑連歲大歉盡出其積粟設廠煮粥至鬻產以濟之命長子諸生汾督其事全活甚衆其季子士信亦勇於爲義七十誕辰手焚所質田屋各契數百金遠近稱之

王永華蘆田人科道次子與兄永祚弟永祥同居康熙甲寅寇四起募民兵三丁役一永祥宜往華奮然曰弟雖壯無子不可往吾有後矣死可也遂行寇平歸

裘光選字步青居崇仁鄉康熙庚子壬寅歲饑出穀百石以賑乾隆李志下同

趙宏緒字遠宗居邑東隅僑寓山陰有蕭山某被殺其弟爲之報讎刺人死者弟與子爭赴官供狀囚府獄中宏緒聞其義爲質衣供食用及案定發配又資其行實未嘗相識也宏緒工詩畫以諸生援例入貢雍正七年銓授湖廣茶陵州吏目有政聲以丁祖母憂歸服闋補陝西邠州吏目卒於官

周祖發字聖喬增廣生居東隅性孝友恒以義方訓子若孫年八十二邑令宋數舉賓筵

魏邦德樂善不倦以忠厚世其家郡守旌之李府志下同

應佩絅字景韜建名宦祠捐科舉田造永濟橋築萬金隄修剡水鄉壟助成桂巖義田郡守給額以旌

馬宗信字益齋乾隆十六年合邑大歉發粟設廠賑以米粥全活無算議叙貢生道光李志下同

周貴玫字起元居開元鄉慷慨仗義乾隆間捐造鄉賢祠及城隍廟頭門十六七兩年歲饑傾囷賑濟存活無算

裘克配字佩錫宋十九世同居雲承詢後裔也居崇仁鄉弱冠補弟子員旋補明經性孝友隨父炳應

試僑寓蠡城會父病侍藥衣不解帶者匝月與昆
季析產推肥擇瘠尤好施與乾隆辛未乙亥嵊大
祲皆輸粟以賑全活甚衆　聖廟傾圮督修終事
嵊向設社倉克配掌之數十年有盈無絀一鄉賴
之他如施義櫬置義塚捐義田美舉甚夥治家嚴
肅親見七代五世同堂卒年八十九子五健坎艮
巽坤皆秉義方男婦二千指合爨同居恩誼無間
錢永頌貢生居長樂鄉乾隆十七年疫大作施捨棺
木得免暴露十九二十連年歲祲邑令勸賑慨捐
爲一方倡又獨任修造泮池泮橋葢樂善不倦云

王桓凝字立如居東林賦性誠樸見善必爲每遇歲祲盡力捐賑里中貧無以葬者爲置櫘備殮費又以朱塢山當縣東孔道建茶亭菴一區捐田三十餘畝爲煮茶費卒年一百有一子世清附貢生好施與有父風於村左崇福菴前建亭置田以爲施茶憩息之所

張榮祐好善樂施乾隆辛未歲旱出粟以賑丙子又旱與其子仁標復出粟周窮乏仁標事親謹待諸季最友愛李府志

張克昌字繼文居上林富而好義母魏青年矢志克

昌屢欲爲母請　旌母泣曰爾祖母守志撫孤以年逾三十例不得　旌何忍獨膺殊典克昌爲祖母請學使獎而爲其母請　旌毎冬月齎銀錢行風雪中給貧困終身無怠志有借貸者不索償晚耽禪悅高僧恒傳自天台來棲四明之巔克昌爲捐葺石屋禪院有第一樓洗心亭芙蓉峰諸勝江左名士如袁太史枚王孝廉鼎皆造廬訪焉子星毓孫會昌會晟能世濟其善云（道光李志下同）

裘韶容字純美居崇仁鄉附貢生敦古道守正不阿性尤好施乾隆丙子歲歉施米賑濟全活多人

袁和卿嵊人平生好善樂施待人以信鄉里推爲有道君子乾隆庚子嵊邑大水卿出資周邺貧者賴焉府志

魏鏞字樂山居官地崇樸厚重然諾族里貧乏者婚喪皆身任之創建宗祠捐置田畝歲荒捐米賑濟凡邑中義舉力爲之倡晚年立志捐建村外石橋事將成以老病未果屬其子雨沾成之卒年七十有五孫敦廉道光癸未成進士人謂積善之報道光李志下同

喻大中字位天明孝子祿孫後敦孝友父嘗患脾泄

臥床三載大中朝夕不離及父歿喪葬盡禮與兄
同爨二十餘年友愛倍摯尤慷慨好施乾隆己酉
捐金重建大成殿外兩廡及戟門又獨任改建孝
義祠於學署之西丙辰復於明倫堂後重建尊經
閣邑中諸生或艱於鄉會兩試大中倡捐田二十
餘畝以濟之邑人亦慕義踵捐甲寅歲大祲捐米
倡賑各鄉傚之全活無算嘉慶丙辰舉孝廉方正
辭不就學使給品重儒林額壬戌歲又歉捐米以
賑中丞復書誼敦任卹額獎之
錢豪居長樂鄉貢生捐科舉田施棺枋立義塚修永

濟橋郡守給額奬之
劉純字粹生居太平鄉少孤貧力田奉母而壹志於學每旦必袖書以出且耕且讀晚則篝燈攻苦恒徹夜不寐有疑義則就質於兄輿遂淹貫經史再試而餼於庠母病刲股以救及歿朝夕至墓瞻拜輒飲泣生平見義必爲尤好奬借後進嘗闢剡山書院暨錦水義塾又以秋試諸生往往窘於資斧中輟遂勸捐科舉田二百餘畝贍之純性端嚴動履一遵矩矱遠近皆敬憚之年六十八以明經終
張賁琦居清化鄉性好施樂善不倦里人有以貧鬻

妻者券已成貴琦力爲調護質金完合之

張仲孝性嚴正慷慨樂施乾隆辛未丙子兩次捐粟助賑疫者給藥死者給槥又捐科舉田立義塚人咸德之

張仲賢居積善鄉國學生品端正家僅中人產約已嗇用積有餘貲慨施棺木每逢歲祲煮粥賑饑凡義舉至老不倦年八十卒

錢珍字拭齋居長樂鄉附貢生富而好義凡公舉無不慨輸建點石庵前爲路廊以憩行旅置田十餘畝爲烹茶之費又獨建雙溪橋費不下萬金子附

貢生釗善繼志而成之

支金字茂芳居四十八都支鑑路附貢生母早卒父病與兄茂本侍湯藥衣不解帶及卒盡哀事繼母能盡其力承父志於櫺星門右建屋五十四楹前爲考棚後作書院又恐久而廢圮復捐田二十畝以備脩葺其他建宗祠置祭產倡捐鄉會路費田凡諸義舉知無不爲嘉慶丙辰舉孝廉方正辭不就

張暐原名深金字友奎居清化鄉附貢生事祖母陳盡孝族子有方晬而失怙恃者收養之長爲之婚

授田五畝俾爲生後無子又爲置妾歲饑同竺夏
若張源佑捐粟賑濟居恒待以舉火者十餘家子
讜貢生能繼父志云
俞文孝居遊謝鄉素好義創祠修塗不下八九百金
嘗於禍朮嶺下建鎮西橋又欲於虞邑石闊莊與
楝樹下莊之間立石洞橋未及建而賚志以歿妻
王氏善承夫志慨捐一千餘金諏日鳩工建石橋
七洞人咸利之嘉慶庚辰王氏又捐金八百續成
之子球孫九畹皆邑諸生
吳肇奎字國賢居棠溪儉而好施村左有桃花渡水

勢迅激行人病涉舊雖有船而費苦不支國賢復與從姪宗傳各捐田十五畝又建延陵家塾一所并置田以備膏火年稍歉輒免佃租每年寒士北上費難籌思所以助之未果而病臨終囑妻王氏代成其志王氏遂捐田貳百畝爲會試費郡守聶銑敏給慈雲載路額獎之

竺夏若字禹範例貢生居清化鄉父國元力農起家自奉儉約嘗能以餘貲賑饑夏若克承父志歲饑先後捐賑尤篤於宗黨自六世祖以下諸孫戶口繁而多貧立義田三十餘畝每歲收其入以給欲

得百畝之數以充之有志未竟而卒其子監生以清庠生鳳臺足成焉

錢萬國居長樂鄉國學生勤儉持家積有中人貲輕財重義嘗創立祖廟增置祀產捐助茶田橋亭猶欲爲久遠計乃別置婚娶幼學入泮等田若干畝邑令給額奬之子世賢世慶均克承父志云

邢璗居字齊五事繼母孝與弟析產悉讓弟已食貧後弟不給又賙卹之嘗夜獲賊視之族某也愀然以爲已過畀以數金囑家人不言某亦以此改行

錢煒字芳楷居長樂鄉國學生敦古道嘗慨施棺木

周恤貧乏凡捐賑義舉知無不爲邑令嘉其行給

尚義樂施額獎之

周永仁字義侯居唐田性方嚴好施與乾隆間連遭

歲歉每晨起登樓四望有不舉炊煙者旋遣人以

米給之不下數百石里有孀而貧者將改適仁聞

其能守許每歲給貲以贍之遂全其節凡橋梁道

路修砌不勝舉忽一日謂家人曰我明年某月某

日當死及期召戚里沐浴更衣出中庭與飲并誠

其子若孫飲畢拱手告親朋而逝新纂下同

王啟豐字西田桓凝之孫例貢生居東林性豪邁好

義里中義塾圯啟豐葺之後復建講堂及左右書樓共二十餘楹增置田畝爲脩脯資道光八年預修邑志生平課子嚴長景程尤著名

錢釗字青垣世居長樂鄉以諸生入貢工詩善飲慷慨有大度嘗繼父志建雙溪洞橋費萬餘緡以三千六百金捐修黌序自宮殿至櫺星門皆鼎新之計建神廟六梵宮五茶亭三義渡一并置田爲經久計有友負逋千餘緡友抱歉自顧中年猶乏嗣請券已屋以抵負釗姑納之後舉子招飲欣然往隱袖券還友未嘗有德色里中儌居者數十家賃

值悉置不問佃戶有負十年租者亦不忍奪其田也其他義舉多類此

王秀清字鏡艇居華堂國學生慷慨尚氣節遇公事義形於色嘗修孝節祠闢王右軍墓道道光間預修志歲庚子鄰郡兵警奉檄防堵陳公嶺並督修東城垣勞瘁弗恤也

馬季常字眉山居仁村附貢生性厚重課子孫悉繩以禮法客至無少長季常攝衣冠入座諸子旁侍不敢坐閒居雖盛暑不衣不敢見當時稱家教者必曰馬氏遇公事輒首倡與弟傳經共成義舉不

可勝紀卒年八十五

張夢蘭字謙菴太學生居遊謝鄉性孝友幼失怙母病衣不解帶湯藥必躬親與昆季最友愛及長理家政而未嘗廢書居恒重然諾端行止復好施與歲歉捐粟惠及道殣其他葺祉廟脩路亭捐義田諸善舉頗夥年八十猶慶齊眉子孫繁衍同堂者五世皆以孝友稱長孫錫齡舉於鄉有文名其品學尤爲時推重

宋彭山字壽齡歲貢生居羅松鄉初邑中寒士秋試苦乏貲彭山與邑廩生劉某謀向富家捐田補助

事未畢劉卒遂獨肩其任每徒步至各鄉勸捐得田若干畝擇人經理均給之赴秋闈者氣益奮彭山力也子鑛有宿慧讀書過目不忘纔弱冠售於鄉

裘怡蓮字鑑湖居崇仁鄉少穎悟善屬文道光辛巳以廩膳生舉於鄉由揀選知縣援例授職州司馬性孝友母病侍湯藥數月不解帶昆季四長次俱析産惟與仲兄怡蕙俱蕙宦閩久旅費乏摒擋寄之及署莆田令寄如故蕙得以清廉著戊戌禮闈報罷與孝廉某同出都適某病囊罄分數十金

以佽某歸病篤囑兒曹敬識之而蓮無德色居鄉授徒二十餘年從遊多賢俊遇公事必勤慎纂邑志修城垣皆秉公任之族有困厄者賑濟無遺力閭里皆稱其古誼

張瑤光號西亭附貢生居東張鳴臯子性謹厚好施與嘗繼父志置宗祠祭田暨曹江義渡鄉會童試諸費皆割膏腴助之歲歉煮粥以賑遇鄉鄰貧乏之者隨時周恤於宗族尤加厚

吳鏞字寶亭居棠溪慷慨好義道光乙未丙午皆大饑捐米倡賑全活無算北關外某以貧鬻妻券已

成界以金完合之他如修路施藥養老育嬰諸善舉終身不倦南關外橋圯獨任重建費計萬餘金工未竣而病劇彌留時屬子光昌曰善欲人知雖善無益斯舉也汝毋請獎昌從命不以上聞邑人不忍沒其義爲勒碑於橋畔

唐能忠唐田人性謹愨操陶業嘗以事冒雨至北溪盧某家會盧出能忠堅坐俟盧久不歸方起去抵夜盧歸諦視坐處履迹不移問何客至家人以告盧心異之妻以女一日販於蘇挾貲歸計之溢銀百餘兩即返蘇還其主能忠後生四子家日起今

爲邑巨族云

邢楧字向侃布政司理問銜居太平鄉好善樂施道光甲午乙未歲洊饑出米貳百斛以倡賑於村西里許搠成裕菴前築茶亭置田三十畝爲施茶費助永福釣潭箏菴茶田及本鄉清化鄉上虞曹娥江渡田此外如捐築西浦永濟橋萬金萬寶二堤歲給棉衣施藥捨柩諸義舉皆勉力爲之子遵聖繼父志道光二十年捐修城垣以貢生議叙國子典籍

馬慶謨邑諸生城居人家貧合卺之夕黯然泣叩以

故曰天寒吾曹擁輕煖如父母何居與族兄某比鄰旁有隙地長子某以金購之族某恚甚告慶謨謨責子曰我欲此地伯獨否耶焚券讓之其孝友平恕類如此

張謨字問山居範村貢生靜穆寡言笑倡公舉濟饑寒千金不吝戚友有急需求助罔弗與即與置不問親族有爭訟務使和解或隱爲彌補雖費多金終身不令受者知一方賴以無訟者三十餘年初謨父暲有義子某不善治生予田十餘畝輒傾盡復予如前數者再終不保仍優卹之

任羅峯字續備邑監生資敏慧喜讀書有至性少時
疫父母相繼逝嘗謂弟雲峯曰這家不造弟勿以
不肖名貽父母羞弟亦恭順事無大小悉禀兄命
終身無閒言羅峯遇事無模稜或有關於祖宗戚
族者挺身任之不惜費亦不自以爲功鄰人有以
負逋鬻其妻將去矣羅峯聞之代償其逋而止
童炳文字作錦上巔人邑諸生兄作求有子五人炳
文惟一子作求以賈出頗事遨嬰喪其姿或告炳
文炳文微笑曰此我家事爾何爲告者慚阻去舜
逋負日積作求擬析箸割半產歸弟而鬻已半以

償逋炳支覺之託疾臥不起作求爲延醫謝曰我病非藥治也兄食指繁畱產猶不給今欲償逋請自弟業始作求感之議遂寢竟其身不異居及營葬地兄弟姊姒各爲一穴其友愛如此

吳祖仁字監周廩貢生三界人事親以孝聞誠慤孚鄉里人不敢欺每入市有故昂其值者不之較人或知之曰此監周先生也市儈輒引愧返其浮值尤善屬文一時從遊者衆指授無倦容少故羸弱善病年及耄反矍鑠或叩其故祖仁曰予豈有他清心寡欲而已卒年九十六

錢芳熙字宗雍居長樂鄉少孤窶甚盡瘁耕樵供寡母養比長勇於爲義歲旱力浚溝渠以澤同坂冬大雪鄰人或以絶粒告傾囊濟之無吝色會發東人有鬻女於其里者女族以爲恥議削譜芳熙爲贖其女且撫養以待其婚晚年嘗置山數畝謀建宗祠苦無資遂鬻山爲族人倡鄉閭義之

茹贊元字襄廷邑諸生幼失怙善事寡母素行爲鄉里所推凡邑有鉅役屢司出納終不名一錢家屢空弗恤也能書善擘窠大字尤熟於掌故道光間修志與編纂焉

張階平字笑山沙園人性孝友兄弟七人異母者三相處翕如也邑中一切義舉悉以資助尤篤於友誼貧交指困無德色道光癸卯舉於鄉由大挑任遂昌訓導居官亦以方檢稱

黄永修字慎齋諸生援例入貢署景寧教諭任數月盜起佐縣令設保甲法盜遂息甲辰秋金潭水災永脩偕戚錢錦城捐金數千往賑之嘗倡建義塾置田以課族人有以貧鬻妻與媳者俱爲完聚其餘義舉多類此

董學龍居董塢岡道光間洊饑族中多艱於存活龍

貧已產以糴穀與闔族其之衆賴以濟至建祠造
廟設立義塾凡屬義舉龍每爲之倡
黃令才字存哲居北莊樂善好施嘗建龍山橋於村
北曲龍橋於溪東復倡建萬緣橋制甚鉅經費不
支鬻產成之凡於施棺築道諸善舉俱力行不倦
袁茂源字林寶居禮義鄉早喪父率諸弟朝夕聚母
幃事悉稟命而行三十餘年如一日性聰穎喜博
覽仗義樂施修社廟緻宗祠於西橋外孔道砌以
石凡五里葺築麗湖碶并倡建渡橋諸義舉皆身
任之

錢沛字錦江太學生居長樂鄉釗子也性敦謹重然諾好藏書尤究心醫學採輯良方製刀圭以療疾父釗故建橋雙溪制甚鉅後爲水毀沛出萬餘緡重建之道光癸甲間邑繕城垣輸銀四千兩功竣得議敘運同銜晉三秩授通議大夫咸豐紀元後三助軍需不下萬餘緡辛酉粵氛及剡沛捨田租萬餘石給窶人作避寇資已卽挈眷之甬上聞鄉人倡義擊賊猶寄五百金以佽亂定旋里重修大成殿暨祠廟之被燬者所費不貲時議置學田惠寒素卽割膏腴五十畝益之無遜色他如綢迪貧

助賑善舉尤不勝數云年五十二卒

義烈

舉人陳世昌字象山居北隅博通經史志行剛方不諧於俗舉咸豐壬子鄉試兩赴禮闈不第家居憤鬱覩流俗無一當意譏笑怒駡醉後時作阮嗣宗哭嘗著有周易闡義地理大全未梓辛酉粵匪竄嵊家人以避亂請勃然曰毋賊所爲不久殄耳吾得死所矣既城陷被執脅之降罵曰豈有降賊之陳篆山乎恨無力磔汝遂遇害事聞賜祀崇義祠廕一子慶桂承襲

武舉錢鎮雄字占城剡源鄉山口人貌如冠玉而英

邁過人辛酉起義與從弟鎮嶽破新昌土匪逐胡
嶺遊匪十月初旬粤匪由諸暨竄嵊弟兄禦要隘
斬賊目數人後賊萬餘至左右夾攻彈中腦而斃
事
聞賜祀崇義祠廕一子
武舉錢鎮嶽字石隄鎮雄從弟貌莊語寡剛膂力有
禦侮才辛酉議辦防禦推爲團首破新昌楊逆逐
胡嶺遊匪十月初粤匪竄嵊鎮雄共率團禦之手
刄馬賊四左右衝突賊不能近後鳥鎗齊擊之中
彈死事

聞賜祀崇義祠蔭一子

貢生裘省成號雲衢居崇仁性孝友父母俱享高年省成謹事之終身兄弟四人合爨四十餘年獨肩家政男婦三千指無閒言丁未壬子歲薦祲出米一百七十石賑之辛酉秋粵匪偪近同鄉辦團防出己貲一千三百串後竄崇仁罵賊不屈死事聞賜祀崇義祠世襲雲騎尉子引初承襲

貢生宋運周鴨舍坂人辛酉冬奉九十五歲老母避新邑山中十一月初七聞弟運久被賊擄痛哭奉母命歸省遇賊於途遂被害時年六十三事

聞賜祀崇義祠蔭一子孫世言承襲

貢生邢燦沃基人遇賊不屈死時年七十事

聞賜祀崇義祠蔭一子長孫慶瀾承襲

貢生張容十九都沙園莊人辛酉冬賊匪焚掠容出

而抗拒之賊怒欲刺容遂痛罵不絕死極慘事

聞賜祀崇義祠蔭一子孫名芳承襲

增生尹貞居甘霖鎮性沈毅好參性理書青藜萬學

政歲試性理論名冠入邑辛酉奉諭辦團攻城不

克壬戌春聞天台民團克復台城徒步往台借勇

偕新勇並攻城城堅守嚴又不克退守甘霖賊大

殷圍之遂遇害事
聞賜祀祟義祠廕一子天傑承襲
增生郭誦芬字芬畹太平鄉石砩人生平勇於爲人
抑強扶弱鄉里重之咸豐十一年八月賊踞嵊境
上焚掠甚慘誦芬憤入南山創義集團逐賊十一
月十四日與賊戰逐北五十里斃賊無算乘勝合
邢樹南呂宗楷呂協城之衆數至二萬踰白楓嶺
攻破東陽賊壘六直逼城下時民兵入鄰境地利
疏衆心恃勝稍懈前鋒已入城巷戰搏賊後衆不
繼誦芬浴血陣亡爲賊焚凶問至家妻錢氏一慟

而絕子婦周氏哭姑繼死樹南監生同死東陽城
内丁勇死者數十人載全浙忠義錄事
聞賜祀崇義祠蔭一子世安承襲
諸生呂宗楷字蘅槎長樂鄉後宅人辛酉冬嵊西賊
既遁東陽盤踞巍山下程馬等處楷曰東邑爲嵊
後路非先勦滅攻復嵊城無益也遂率勇徂東先
是其妻過氏避難東邑玠溪莊賊突至過氏自縊
死次子正璿痛母死曰必報仇因從東邑團長程
式金招集義勇楷領嵊勇至即共圖復東陽城以
南北二門令東人攻嵊勇攻東門賊覷東人潰潛

從南北門迎擊楷父子血戰多時死城下事聞府
道贈一門義烈額學憲吳特給忠節可嘉匾音同
治五年　　　賜雲騎尉世襲祀忠義祠襲次完時
以恩騎尉世襲罔替
諸生俞斐然字蔚齋蒼巖人性魯勤問學嘗遊孝廉
周華齡湖南任不及遇而歸辛酉冬城賊會新昌
賊午夜燒蒼巖屋已燬倉卒出奔賊刺其要害斃
於莊賊退體徧潰長子原泉亦殉焉事
聞賜祀崇義祠蔭一子
諸生張福星大巒人辛酉冬賊焚掠至莊婦女悉號

泣福星欲出排解遂遇害時年六十一事

聞賜祀崇義祠廕一子孫汝承承襲

諸生周肇嘉居開元家素詩書清苦自守辛酉歲粤

匪將至勸之避不可乃口占曰避難於人多不便

何如高臥效袁安賊至人有書順字貼門者嘉乃

揭之賊見嘉大罵賊怒磔之焚其尸事

聞賜祀崇義祠廕一子友誼承襲

諸生商光達字愷山方山人辛酉冬罵賊死事

聞賜祀崇義祠廕一子

諸生錢曰範長樂人辛酉冬被擄入本邨賊營以火

灼其體索賂曰範大駡不絶賊怒焚其尸事

聞賜祀崇義祠廕一子

諸生張鳳池新沃人辛酉冬罵賊死時年五十五事

聞賜祀崇義祠廕一子

武生單殿彪字美緒十七都石門人同治元年東南

鄉勇合攻城賊禦於東郭死之事

聞賜祀崇義祠子有恆

武生張錫榮黌院人辛酉冬被擄至城賊見狀貌異

常具有武藝親釋其縛勸之從輒拍案大駡賊斷

其右臂暈絶復甦仰天大駡頭觸階石死事

聞賜祀崇義祠

武生俞浩然斐然弟同日遇害事

聞賜祀崇義祠

職員裘永初貢生省成子隨父殉難事

聞賜祀崇義祠廕一子孫獻瑞承襲

職員施乃溥居瓜渚莊辛酉冬挈眷避難於新邑遁

山賊擄其子嘉渙去溥奪之被殺妻沈氏亦遇害

女桂眷姑投水死事

聞賜祀崇義祠廕一子長孫慶萃承襲

職員潘振治居東門外隨練勇禦賊身傷刄死事

聞賜祀崇義祠廕一子恩榮承襲
余寅諸暨增生字少帆統領團勇陳朝雲幕賓也同
治壬戌夏闔邑紳耆因賊踞城屢攻不克共赴道
轅籲請陳統領來嵊攻勦寅與朱之琳遂隨朝雲
帶精勇數百名由陳公嶺紮營於晉溪華堂城外
賊望風遁嗣由華堂移營新邑扎會闔邑團勇期
定八月八日辰刻攻城先於初六日出屯茶坊賊
已預調鳥鎗馬步隊數萬於初七卯刻出城衝突
朝雲迎擊三戰三捷寅與之琳亦各領一隊接仗
寅中洋炮死賊遂肆殺屍不獲收事

聞賜雲騎尉世襲祀崇義祠

朱之琳山陰諸生字韻珊亦陳朝雲幕賓也朝雲移營新邑紀律嚴明居民忭慶皆琳與余寅調遣合法使然也寅性剛愎將屯茶坊之琳與衆議俟團勇齊集寅不可次日與城賊接仗之琳身中數十鎗猶大呼殺賊賊憤極裹殺碎其屍數段投諸水

事

聞賜雲騎尉世襲祀崇義祠

陳珩字望之安徽懷甯人由軍功保舉縣丞祖廷弼前嵊典史父弢有才望以知州匯辦湖北山東等

處軍務時珩年幼亦悉兵機咸豐庚申癸奉憲札
辦浙軍餉兼理文案珩奉祖廷弼及家屬遂由浙
至嵊嵊嶺家焉未幾省垣失守癸死之珩聞憤泣
誓不共戴天辛酉賊竄嵊輒同南鄉團勇起義殺
賊自十月十三接仗起二十三日攻城務求盡殺
賊復君父仇至城下衆團潰珩猶奮勇獨登遂遇
害同治二年九月部議照四品以下陣亡例
賜世職雲騎尉
監生吳鎔棠溪人壬戌閏八月賊由甯回竄至鎔避
所駡賊死

監生王之楨覲下人壬戌四月粵匪由甯郡回竄之
楨隨團董堵截十五日血戰陣亡
監生張景福大巒人賊擄其子抱持之賊脅以刄不
懼亦不屈賊殺之竟擄其子去
監生樓仁歸樓家人壬戌八月猝遇賊挺身直前數
其罪惡賊怒縛其手剸以刄罵聲不絕遂被殺
監生周敬忱新塘人幼失怙事母孝壬戌八月被賊
執不屈死
監生邢樹南下南莊人痛父被傷誓報仇約衆團攻
長樂賊營乘勝攻東陽陣亡

監生錢倫煥長樂人隨父又蓁弟倫標避賊羊角礪山賊至並被虜賊詈其父謂已死倫煥哭罵不絕賊殺之投諸水賊退家人尋得其屍色不變

監生錢倫標倫煥弟當賊初入境率團勇六百名奮擊於崇仁奪其馬匹旗幟殺獲無算後與兄並被執屹立數賊曳之不能動又以身佩利刃指爲土匪頭目擒至營復詆罵不屈遂遇害

監生郭純粹前王人被執不屈遂遇害

監生周振聲開元人遇賊不屈死

武監生張慶饒範郝人侍七旬病父在家不避賊賊

至手格數賊賊麕至竟遇害

監生尹自邪甘霖鎮人攻賊營陣亡

監生俞寅字虎林蒼巖人喜讀書親師友然狂於飲辛酉冬賊至家不避被擄至新邑射圃强之從大駡賊斷其頭蓋酒罈以其善飲善駡焉

監生俞作霖蒼巖人壬戌八月賊至莕戰死妻袁氏女五妹同遇害

監生鄭泰寶長橋人辛酉賊竄嵊寶前領三十六社勇分守要害賊不能過而犯虞邑者凡二旬十月十九賊衆來攻之團勇潰猶帶勇上丁宅嶺大呼

殺賊賊怒殺之焚其屍

監生裘章字藍田崇仁人禦賊陣亡

鄉賓孫天鏕　潘家福居東門外辛酉城陷避山上賊至被執不屈媳王大姑同日斃

楊永照　薛恆鋐　徐耀嘉　易玉堂並城中

任宗林馬鞍遶　佾生章功禹　儒士章沛霖辛酉賊入境霖以母初亡子殤妻又投水死倀倀遇賊賊欲强之城不屈殺而投諸南橋下並居章郵路　以上一都方山鄉

陳正昌　陳基權　王潮清　王成建

王武鑑　王武凱　吳金海並蔣家埠　林本堯下林

王厚林墩頭王　張邦梓山前　汪阿寶浦口　潘宗敬過港

姚盛玉姚家　黃永法長彎底　葉廷忠長坑底　胡金松山棗彎

俞日嘉 俞允坤 陳方孝 俞允旦

俞日高並開水 閣培强王广春 徐信寶 徐克孝

徐建仁 徐漣光 徐大本 徐大霖並蕭溪

孫善興白巖下 金爲孝下宕頭 俞金富宕頭以上三四都康樂鄉

王道金棠溪 孫新翯 孫德煥 孫德榮

孫德見並珠溪 葉惟堯 葉惟球 葉學芳

葉學詩 葉惟賢 葉惟信並大屋 葉守謙上屋

葉守宣上林 張克勤東坂莊 詹世麟 壽德照並上江

婁華滿官塘 葛惠金湛頭 盧亨幸招郎以上五六七都崇信鄉

魏振倫官地 王開清白泥墈以上八九十都筮節鄉 姚見豪

王祿英並官圖　陳良沅麻車　胡霞濤橫路以上十一二都靈山鄉

姚宗秀　姚振才　姚紅記　姚金榮

陳朝法並晉溪　王恭望華堂　李培興　李鑑潮

儲積江並嶀頭　竺秀林濟渡以上十三四都金庭鄉　竺正會

竺正楊　竺從輅　竺欽兆　竺高千

韓敬時　韓財忠　韓樹忠　韓敬運

韓永連　潘明德　王國賢以上十五都孝嘉鄉並居靈鷲莊

單有懷殿彪姪叔傷彈不能奔有懷不忍棄扶叔緩步賊追及並遇害　單仁壽並石門

陳錫耀　周煥文並仁郁　俞迎忠　俞上標並鄭家嶴

任協祝　李景春原籍東陽並石舍　王正佳上虞人寓

　

蘆田助唐星河禦賊斃於彈　俞佩玘　俞佩釗並前剛　唐鎵標上唐以

上十六七都忠節鄉　武童徐自泮　徐金殿並白巖　徐開封強口

者民屠鳳書　屠開旺　屠宏高並屠家埠以上十八九二十都遊

謝鄉　張慶海　麻端錫　劉碧桂

錢增元　劉雲松　劉碧雲　劉海松

劉鳳標並金邨　陳叶蘭下王　沈元侯沈家灣　馮尚喜疊石

馮廷高鄭家　李仁錫箭嶼　王嘉孝　王彝芬並獨山

祝惠沾祝嶼　王充明　王繼福並外大山　王嘉安石坑

王利仁裏大山　李宗法李嶼以上二十一二都靈芝鄉　任文誌

任文多並下安田　陳文玉　陳宗超並嶺頭山　應逢開應家嶴

裘耀見溪灘三四都崇仁鄉　以上二十　馬志徠　馬志明

馬亦良　馬世慶　武童馬飛熊素善騎射有奇氣辛酉十月初六粵匪由暨竄嵊仁郎團勇迎擊之熊殺賊數人初七陣亡其祖母聞熊死義從容自縊年七十一

張南顯並馬仁郎　張叶東　沈傳煦並趙溪　賁華炵

費文信　宋叶林並趙馬　馬其廣　馬金學

馬奇學並西山頭　李望道　李道錢　李道本

任美珩以上孝鄉節鄉賓　袁世銘居崇仁性簡厚辛酉避粵寇依祖塋恥薙髮投水死

張加春　張忠秀　黃仁範一家被害四口

黃珏靜並富順　王良洋　王安仁　王錫三

黃昭法　黃汝衡並穀來　馬景李　馬運法

馬雅相　徐朝仕並下坂　卞興治　卞乾錫並山等

馬錦雲　馬先鳳　馬保榮並舉坑　袁德楷錢邨

周小牛　李念四　黃宗祉並呂嶼　陳友魁箭潭

團首馬濟松　馬美小　馬延魁　馬延紹

馬美剛　馬美佐並馬邨　馬昌效　馬昌駟

馬世桂　馬世泮　馬保倫　馬心元並城后

李朝法山王　黃肇忠富順鄉乾竹山人精技擊負俠氣咸豐十一年冬起義剿賊率衆至楓橋疊破賊卡闔邑響應十二月二十二日乘勢攻諸暨不克同治元年正月攻嵊縣又不克會三月六日會稽余觀鎣大破賊於平水鎮肇忠奮勇助剿四月帶勇入包邨屢立戰功旋以被圍糧盡六月三十日率勇潰圍出力竭被禽賊以鉄烙徧灼其體遂被害載全浙忠義錄　黃肇孝

黃和秀　孫敬良竝乾竹山　王嘉賓　王朝林竝高腳峯

馬六寶高坪山　蔡世照下東山　劉從位護國嶺　尉立仁上陳以

上三十三十一二都富順鄉　鄉賓樓仁生樓家　李明錦

李明輝　蔣金富　李元蛟　李元義

李元良竝長坑　周大錦　尉仁法竝戴溪　許茂山楊坑

錢承佳　錢秀卿　徐金龍竝古竹溪　居運旺石倉

葉禮富何家　裘光炯　裘光謙　朱士成竝下王

范善富　裘榮茂　李作新竝范油車　葛叶鈉葛邨

張全耀　方丙貞仙居人竝住培坑以上三十三四都崇安鄉

張文獻　張三老　張慶釗　張慶餘

張慶式　張永端並雅張　黃聲大　黃名玉並孔郁
袁玉崑　監生袁旣清字章燦並袁家　吳應學消沙
錢松周石璜　張忠榮寺根　朱孝林水磨彎　王廷孝
王潮潤並黃泥塘　周敦燮新塘　張貞煒新屋以上三十五六都羅松鄉
武童錢鎮軍武舉鎮嶽兄同日陣亡　錢金兎　錢越倫
錢登峙　錢高春　錢炳魁　錢鎮月
錢世松　劉海老　吳美善義烏八　張和中
張明增並山口　邱叶朝　邱培英並冷塢　王小喜茶坊
錢金林逭場　王智新　黃廷福並嵩下　錢叶招巖頭
蔣闗長　錢千老並董家坑　張雨全　宋元金

錢連寶並周邨坂　錢越興　錢高松　錢國勝

錢允中　錢敦森並璠田　劉春久白朮圍　錢高琴王杜嶺下

王允全半片樓　劉富老石井　蔡中桂大塘灣　錢敦堂杜塘

錢叶財西圍　周恩加　周恩招　嚴桂花並棗園

商枝根　樓小高並苦竹　邢丙春　樊連寶

張金松　張顯浩並松明培以上三十七都剡源鄉　邢國治

邢功浩　邢佳蓀　邢功春　邢明德

邢功烈　邢海招　邢培朝　邢培林一作昭林

應惠彰　應鳳洲　劉茂賢　劉銓老並高勘頭

邢標老　邢世宏　邢世和　邢洪照

邢國林　邢偉士　邢法林　邢象玢
駱叶毛並屋基　葛紹聖　錢賢慶　邢允煥並上南莊
邢匡勇　邢匡森匡勇弟　邢延允　邢洪高
邢林海　邢延廣　邢成悌　邢啟榮並下南莊
呂賢老王金叢　周朝相　周和方　邢仰顯
駱才新　金加富　傅兎老　黃安忠並橫店
安貞寵　安其貴　安汝學　安雪老
安汝效　安其招太平鄉安宅人賊自東陽入嵊有三隘曰白楓嶺曰柞關曰大嶺賊掠嵊鄉團逐之因分守三隘賊益怒咸豐十一年十二月賊萬人攻大嶺其招守大嶺所部三百人耳據險力戰殺賊數十自辰至午深入賊圍其招死之同時陣亡者五十餘人其招平時禦衆有方又得

地利既死不亂賊疑有伏數日不敢窺三隘載全浙忠義錄

安汝達並安宅

王洪春　王俊潮並崑溪　章祥鳳　斯國翰並水口

邢向瑾並下防山　麻端海　麻春興　麻端招

胡家富　嚴小惠　安正松並麻家　邢在光

邢貴清　邢嘉烈並上湖　邢青富深溪　劉起端橋頭

郭招香　郭世錢並殿口　劉闓老　劉安增

劉安斌　劉茂芳　劉茂寬　劉金芳

邢端貴並水竹菴　劉士老　劉茂昌並東閭　劉金宏栗樹坑

周慶田　周啟標並周莊　劉漢興石碑　邢祐全黃家莊

以上三十八九都太平鄉

呂賢遴字長樂鄉雅安人咸豐辛酉冬粵匪陷嵊城其遊匪突入

嵊西上自太平鄉下至甘霖鎮五六十里悉賊巢渠魁鏞天義魏賊盤踞長樂鎮勢尤猖獗遂曰賊營不破吾屬無死所矣遂傾囷起義一時雲集者數千人星夜分路攻擊遂領勇先攻長樂營殺賊千餘名奪馬三十餘匹賊驚潰甘霖鎮以上賊營悉潰遁東陽遂以陷陣太猛死於難事聞府道贈紆難成仁扁額同治五年

賜祀忠義祠

呂正忩　呂學進　劉初孝

程昭松並雅安　呂正熉　呂元忠並後宅　呂世鏕

呂世欽　呂世錦　呂世鐰　呂世賢

呂芳榮　呂正錄並白宅墅　呂芳名梓溪　呂載元

馬阿玉　馬登高　安利法　饒晉老並烏巖坑

過建清宅前　呂朝松上塢山　張允老　張如林並松樹嶺

潘元興寺橫路　金火老沙坵　周醕勳前王　黃朝松貴門

朱八銓　朱八寶　朱和富並上里　李世金金銀塢

以上長樂陣亡　呂正璿　呂元祥　呂正材

呂學漸　呂正旭　呂正滋　呂正薛

呂正羔並後宅　呂賢崧雅安　呂正緣　包招才並白宅塅

呂勳泩　王鑑清　黃朝賢並貴門　朱和明

朱金孫　朱紅老　朱賢老　朱和朝並上里

錢貽增柏椿坑　過芳江　過正崧並梓溪　楊時采上塢山

過來助黃沙潭　董朝全　董朝青並後宅以上東陽陣亡

過永桂　過鳳森　過阿增　過康釗

過康明　過永賢　過松海　過百全並尤家嶺

以上守大嶺陣亡　呂學斌　呂學政　呂賢儁

呂賢湊　呂正波　呂正柏　呂正耿

呂正任並雅安　呂元蛟　何更元並後宅　朱啟煜上里

李福財金銀塢　過正材黃沙潭以上攻嵊城陣亡並四十都長樂鄉

錢賢卿　錢龍弟　錢光亮　錢叶興

錢旺安　錢我棣　錢章錦　錢承東

錢章彩　錢家森　錢坦　錢芳秋

錢昌炳　錢旺福　錢在超　錢大構

錢家春　錢敦中　錢敦士　錢綴華

錢光清　錢旺慶　錢福金　錢高泰

商小根　厲紹運　厲紹林　沈發秀

任世元　楊小方　郭忠恕　張遵海

張副貴　張士良以上並四十一都長樂鄉　周錦林

周先增　周友照　盛孝永並開元　鄭學宰

鄭學寶並珠溪灘　虞萬國　虞萬標　虞萬寬

虞萬春並前王　董有本姚墓山以上四十二都開元鄉　劉小桂鄭莊

史濟廉　胡榜芬並前湖　錢承桂西英　郭國恆湯園

商清岳　袁嵩高　商章錫　俞叶玉

龔錦秀　商廷照並沙地　史致遠　史致福並從史

錢金順張家　斯國翰坑口以上四十三都繼錦鄉　葉光瑞

葉才盛　葉明廣　葉曾生　葉光紅
葉世清　葉清秀　葉和松　葉繼法
葉詩才　葉榮寅　葉紹錦　李昭法
李紅昭（並葉家）　王叶惠　錢亨昭　周則富
周金榮（並上塘頭）　周世綱　周積富　周思恭
周思昶　周因禮　張高遷　壽小忠
盧正培　過福林（並上朱）　張叶南　張金玉
張小愈　張昭明　張炳南　張春老
張究究　張傳春　裘錦鳳　錢芳標（並上路西）
張國運　張曾孝　張曾斌　張培法

張高團　金會文並下路西　袁茂章下唐頭　李德炳

李德煜　徐熙隆並東王　王艮贊　王艮鈞

王艮標　王聖政　王存忠　曹桂林並西上

史家潮　史金盛並蔡山彎　宋世河　宋安國並宋家

陳文魁　陳家剛　史小兎　俞友達東陽人並居陳家

潘學烱前王　王長頭　趙貫成並王家

張正朋　張慈棣　張昌遠並東張　袁茂鶴

袁肇楷並黃泥山　金討撰大王殿彎以上四十四五都積善鄉

趙纍觀　趙小金　趙正鏞並倪家渡　俞招財

俞孫招並俞家佛　王書錦　姜金松並吳家田　宋敦善

宋敦顯 並鴨舍坂　李道隆　李德訓　李繼準

李德楷　李孝義 並下楊　丁廷治 板楊　潘學林

張昭法　葉福德　張成標　沈一清

沈一泳 並甘霖鎮　呂元中　呂恆英　周成法 並黄勝堂

李道權　李叶雪　徐熙和　劉雙鼎 並東王

尹自昭　尹嘉英　尹慶位　趙慶學

尹往義　趙堅賢 並尹家　高小艮 上高　謝興宗 官屋基

求啟愍 求家墈　王際昌 前王　金全法　趙遇賢 並孫郵

蔡福全　孫彭述 並謝家　張叶彬 戚家　倪智國 下倪

唐天台 上屋　袁廣愷 黄箭坂　周世銀　周世鳳 並寺前

徐金松梅澗橋　張思淵湖蔭　周秀培上沙坂　王世聰下王

王洪燦上王　張河元　張慶饒以上四十六七都桃源鄉

竺光昇並范邨　金齊法　金家楨　金家珍

張達涵並西金　張孝廉東湖塘　松法前　蔣慧煜

王維翰並白泥墩　史錢老西湖　史積善支鑑路　章功賢

王廷耀並下鏡莊　張承宗外宅　吳德鳳江田　以上四十八九都清化鄉

金有朝東山　袁茂藎光明堂　謝守愚　謝華愷並江下

李木招　李念宗　李興寶　李學詩

李連元並李家　施嘉根　施嘉連　施嘉增並施家嶼

俞心桂　俞小淵　俞文學　呂友德並蒼巖

施乃雲　施乃善　施乃喜　施乃恒

施嘉銀　施嘉木　施嘉治　施嘉佐

施嘉明　施嘉禮　施嘉文　施嘉東

施慶柏　施慶殿　施桂松　施才祖

施仁善　施大孝　施士福　丁榮華並和尚殿

王恩亮　王恩銀　王大秀　沈福老並長安

董有富　董有睦　董忠法並寶溪　陳華元

陳孝親並大坵巖　劉瑞昌淡竹園　張錫炳石道地　陳武式

陳武明　陳武鴻　陳德聰　陳毓海

陳士華並嶸嶺　周孝泉　周世元　袁廣清

袁五老　張大富並漢溪　華九森何家塢　陳韶興

李家富並嶺根　丁賢美　丁增喜並丁家店　厲王駿蔣家灣

華秋魁東坑灣　周興福　周興祿　周興達並大溪

周恩義　周恩德　周恩桂　周孝江並小溪灣

葉紹曾　錢雨四並西施巖　周增智八宿屋　張維清

張國仙　張方林　張方士　張華松

張榜老並相家嶺　張慶豐　張慶招　張慶林

張慶煥　顧明法　顧銀祖並白巖　王繼方

王繼寬　王統助並平頭　周有法西珠　金在松畫舟灣

姚明慶茹湖　王睦老　王貴朝　鄭明德

錢維鴻並上葉邨　張方朝　張允松　吳福標並周邨
張方蘭　張方河並西景山　陳來森　張漢標
張雲蛟　張忠紹　張成林並石岱山　章睦老西陳以
上五十五十二都禮義鄉　袁大熉　袁時貴
袁時祥　袁才有　袁槐山　袁廣賢
袁天台　楊上林並碧溪人辛酉十一月十六日攻長樂營陣亡
竺學大山和尚　儒士高振文高家人博通經史尤習理數精蘊書卜易多奇中賊
將竄嵊自知死期辛酉十月初七辰起具新衣冠坐
堂上命子孫違避賊至論以理不入大罵之遂遇害
時年八十五　趙美寬花田以上五十三四都昇平鄉　陳源濱　陳邨
陳光升　陳家豐　陳與賢一家二口遇害

陳光先　陳之嵩　陳光祖　陳養賢

陳斯瑞　陳之運　陳斯常　陳養林

陳養脩並陳邨　陳之高　陳之庸並前巖　鄭家正

鄭俊恩　鄭克振　鄭克浚　鄭觀方

鄭賢佐　鄭師忠　鄭純然　鄭周德

鄭俊傑　鄭俊賢　鄭惠美　鄭興義

鄭景升　鄭廷棟　鄭天成　鄭培封

鄭才彥　鄭晉琨　鄭受封　鄭大鍾並長橋

鄭武見黃岸莊　鄭洪法北東邨　鄭俊榮　王孝芳並蔣岸橋

陳夢說黃荆山　陳金美　陳世德　陳之松

陳禹績　陳進寶　陳光正　陳秉成

陳三義　陳世高　陳之槐　陳詒燕並黃澗山

杜毓性　杜斯全　杜金木並杜家堡　沈發忠

沈彩武　張芳春並沈塘堡　張永泉衙堂山　閻元銳蔣鎮

閻敬修溪頭　沈禹聲　朱望祥並溪灘　喻道增

喻道才　喻信善並居喻宅陣亡　吳升雲楓樹嶺

以上五十五

鄒德政鄉　孫懋若孫墺　孫懋松懋芳弟　孫覺海

孫芳午並孫墺　趙建業　趙禹安　趙在茂

趙金法　趙生連並西謝　馬善功　蔡小毛

陶春耕　陶十七　樓尙效　樓尙交劉潭

蔡大本　馬建宗（並下顯潭）王利義　張武訓（並王城）
馬均行　馬世美（並馬溪）樓方傳　樓周賢（並巖潭）
杜懷岳（居外岡山）張孝安（居張將）張方有（居溪西）孫明運（居北塔）
陶興桂（居莫嶼以上五十六都東土鄉）

以上同治三年五年　賜祀崇義祠

高鶴鳴字震青居東隅衡兄也明弟子員負經世志聞懷宗崩痛哭流涕會魯王監國有旨勤王鶴鳴破家召募以赴急難捍禦無遺力及敗盡節死年三十有詩數卷師行云義戈烈烈武興關國爾忘家不再還不惜尸骸裹馬草但將魂魄向梅山讀

者咸閔其志云子克屛諸生

章應梁順治五年勦賊陣亡據舊志列女傳補

職員陳德光字輝亭增貢生居德政鄉候補從九歷

官至開建縣丞咸豐辛酉在籍殉寇難

欽贈鹽知事蔭一子錫祚入監讀書六月期滿以縣主

簿入册侯銓

武生孫雲標居孫嶴辛酉冬禦賊陣亡事

聞賜祀崇義祠世襲雲騎尉蔭一子亦沾承襲

諸生吳湘江居德政鄉同治壬戌殉難

欽贈鹽知事蔭一子敦安入監讀書期滿以縣主簿用

職員俞欽字作恭居蒼巖議叙縣主簿辛酉冬殉難

鄉賓袁章南玉鏡父性豪爽通經史兼工樂律當咸豐辛酉年七十一歲十月初七日城陷知不免猶高唱大江東去殉難

儒士袁子康字殿庸諸生載清四子聰穎能刻苦學舉子業入衆以偉器期之辛酉秋粵匪逼境隨父與兄喬价避城東遠山仁鄉妻父竺氏家十月初七父命進城祝長兄翼時翼在城團防總局方督入標兵勇禦賊西門外兵潰賊遂陷城四出焚掠子康至楊溪渡適遇賊被擄死屍無着年才二十

儒士袁殿傳年五十一同妻四十四歲祝氏辛酉城陷駡賊死

職員葉金三辛酉冬城失守避奔明心嶺遇賊不屈大駡死

宋世耀辛酉十月初八日殉難十一月十七子啟煌爲母死於賊並居城中

盧兆麟居二都石板頭同治壬戌年六十一殉難

耆民張立功居山前莊壬戌六月駡賊死年六十

陳金瑞壬戌赴水死　朱祥國壬戌傷十餘刃賊并棄其屍於塘

朱嘉謨罵賊死　朱嘉祿罵賊死　張立誠辛酉冬罵賊死

張立揚壬戌四月罵賊死　宋仁旺殉難年五十七並居何家邨

鄭承梅壬戌八月殉難年七十九　鄭允義辛酉冬殉難年七十三

鄭裕煌辛酉陣亡　鄭裕榮壬戌閏八月陣亡並居竹山莊以上三都

孫德江　孫德鈞　孫德軒並五都珠溪人明燦子壬戌陣亡

袁章彩年七十三　袁章煥年七十　袁玉相　袁玉忠

袁玉懷　袁玉春　袁玉清　袁玉潮年二十四

袁玉瑞　袁玉駿　袁玉明　袁玉泰年二十二

並居石橋莊陣亡　齊惟雲壬戌四月遇賊斃於銃妻葛氏哭罵奔救亦遇害

義士葉士鑑壬戌四月十九同團勇攻賊奮勇當先賊梟其首去時年二十五

陳孕耀居黃塘橋下戌四月罵賊賊双其喉死時年六十二

鄉賓竹興林年八十一同妻七十三歲楊氏於辛酉冬聞城陷從容分堂上梁左右投繯死

竹臨榮壬戌四月被擄不屈死年四十二

竹臨岱臨榮弟前兄二日遇賊不屈死

竹臨元壬戌五月遇賊赴水死賊猶刺數鎗斃命並居東郭

監生張世年居湖頭張家壬戌四月投河死年四十六

監生魏中倫居官地壬戌八月殉難

丁岳金年七十三同妻殉難

張基詮年六十八殉難並居沙地係八九十都

許廷璧年五十七同妻殉難

丁煥岳壬戌被擄至東陽八面山下大溪投水死年四十六並居許宅十一都

黃存楷十六都北莊人年八十九五世同堂

俞迎恩居十八都前岡莊同治元年寇至罵不絕聲遂遇害

府知事銜張政 階平弟居十九都沙園莊辛酉殉難事聞 恩卹世襲雲騎尉襲次完時給予恩騎尉世襲罔替

五品藍翎童寶山 居十九都裹坂莊紹興右營把總咸豐辛酉安慶接仗陣亡

裘繼緒 瀛振兄辛酉冬被擄至斯宅不屈死

朱文揚 同繼緒外並居下璜莊

裘上智 棲巖莊人包郡陣亡

裘友元 同團勇攻城陣亡居崇仁並二十八九都

王光英 三十三都下王人壬戌八月賊入郡與裘田員罵賊死時年五十九

錢東山 居石璜莊有智勇嘗舞兩鐵圈重數斤刀棍不能入壬戌正月二十二日卒本鄉勇千餘同各團勇攻城力竭越數日死

監生袁章傑 壬戌冬殉難居袁家並三十五都

職員張祖培 字蔭軒三十六都許根莊人疎財好義一鄉稱善辛酉十月遇害年六十八咸痛之

張德琳 字青湖祖培子性甚孝辛酉十月粵匪蠭起隨父避山中一日父歸視家遇賊被害琳謂

耗奔回殯父畢遂不復避曰父已死焉用身爲越數日與賊接仗被擄至長樂賊營不屈死後賊爲鄉團逐去家人收其屍時已月餘神色如生

邢佳璈罵賊死

邢功粲佳畹子

監生邢壽祺功粲子辛酉十月避賊石山坪母氏夏居小崑崗至母所欲負母而逃賊忽至小崑崗奮然糾衆執兵鬬殪賊三人俄而賊黎至衆奔祺被執不屈死時年二十六夏母亦同日受傷延至五日卒並居高勸頭

邢銀才辛酉十月攻東陽陣亡

邢敏燦壬戌八月珠溪灘陣亡

柴雙頁仝珠溪灘陣亡並居橫店三十八都

金雙祖

朱愷富並居四十都上層莊東陽攻城陣亡

貢生錢又棻辛酉冬殉難事聞贈布政司都事蔭一子八品讀書六月期滿以縣主簿注冊居四十一都長樂

諸生袁得英居花橋莊辛酉十一月初十日罵賊死

武生商維揚郡庠生炳文弟居沙地莊辛酉殉難並四十三都

張國鉅

張思寬

張思啟

張思紅　張廉寶並居四十七都湖陰莊禦賊身亡　袁聖華居淡竹莊
監生黃兆豐居查郝辛酉冬攻長樂賊營陣亡時年七十一　支廷梓
支廷治並辛酉冬攻城不克死　支公敵父亡廬墓未周年殉難並居支鑑路
貢生張錦瀾辛酉冬被擄不屈死居範郝以上四十八都　周孝桂居下英山
樑寶田居沈大嶼　陳開仁居嶺根　袁長友居漢溪　丁鳳儀居丁家店
竺一大居和尚山　陳忠蘭居大巧陵　葉逢春居西庵巖　許光祥居楊樹山
陳士見居跌宕山　沈十弟　陳淸朝並居麗湖以上五十一都人陣亡
王庭發居五十二都東陳莊辛酉陣亡年五十七　監生單德源
字海門居馬路堂辛酉南局團防粵匪十月初七日城陷猶帶勇禦賊於南渡傷洋鎗死
諸生高際泰字吉齋居高家　儒工　高炳蘷　高承瑞

高承慶兄弟殉難桑三老辛酉冬被擄至新昌營不屈賊割其耳令自食卒殺之並居黄泥橋五十三都以上 沈建章辛酉被害年六十三居沈塘 袁文成辛酉冬同二子遇害年八十三居袁家塘 袁章河年五十一 袁章錦並文成子兄弟侍父疾並遇害年五十三 吳裕占 吳品三

吳永鑑 吳芳鰲 吳廷茂 嚴之賢

鄭詩法並遇賊不屈死 沈兆貴居前嶼莊年五十三歲咸豐辛酉冬禦賊陣亡以上五十五都 職員謝啓麟辛酉冬城陷殉難時年六十四

章景福諸生煥國子素有膽畧就業甘霖鎮辛酉冬粵匪逼城歸奉主奔遇賊鬥而死並居城中

孫德煥珠溪人壬戌陣亡 葉方被從甯郡官兵勦賊陣亡

葉方月同台圍攻城陣亡塔山下 葉正和遇賊持鎗與抗被害並居厚仁莊

張祥生大灣莊人辛酉冬奉母避難會稽西蘇莊遇賊辱罵死　諸生裘廷耀罵賊死　武舉裘炳全廷耀子陣亡　居溪灘莊　貢生張慶瑶辛酉冬遇賊不屈死　王奇生侍父鄉賓英南病不忍遠離賊至辱其父罵賊死時年四十一並居範邨　謝世和居江夏莊辛酉冬甘霖鎮陣亡　王朝祥居長安莊壬戌正月攻新邑賊陣亡　監生孫殷三居孫嶴辛酉冬賊由平水竄孫嶴紫營殷三糾衆戰於嶺北鬬勇潰死之　王天星居嶸嶺辛酉冬亡年三十四　董大才年四十八　董林居年四十五　董一元年二十八　董杏林年四十並居大董莊　董阿牛年二十八居牆弄堂莊以上並辛酉十月十九日陳邨陣亡　鄭阿朗年三十八居長橋莊辛酉十一月二十一日上竈陣亡　吳甕老年六十四　吳成霖甕老弟年五十二居石岱山並辛酉十一月十八日東山灣陣亡　監生孫顯仁

年三十五歲居孫嶼辛酉十月初一陣亡

周孝生居開元辛酉冬攻東陽城陣亡

黃學敬年八十一辛酉冬傷彈死

周和欽年五十六辛酉遇害並居石頭堆

駱朝清

駱鑑琳

駱鑑清並居徐家培壬戌八月同衆攻諸暨縣城陣亡

以上同治九年請旌

嵊縣志卷十七

隱逸

南北朝

戴勃字長雲安道子也爲散騎常侍與顒並高蹈俗外三葉肥遯世稱清風家盈素氣故使箕潁重輝夷皓疊跡爲海內所稱焉前後辟命不就剡錄 宋史南史並作勃舊志作彀剡錄作款 按晉書戴逵傳長子勃有父風義熙初以散騎常侍徵不起尋卒此云爲散騎常侍與史不符姑存俟考

戴顒字仲若譙郡銍人父逵兄勃並隱遯有高名顒十六遭父憂幾於毀滅因抱羸疾會稽剡縣多名

山故世居剡下顒及兄勃竝受琴於父父所傳之聲不忍復彈各造新弄勃製五部顒製十五部顒又製長弄一部桐廬多名山兄弟復共遊之又出居吳下吳下士人共爲築室聚石引水植林少時繁密有若自然乃述莊周大旨著逍遙論禮記中庸篇宋元嘉中徵不就衡陽王義季鎮京口長史張邵迎顒止黃鵠山山北竹林精舍林澗甚美義季亟從之遊文帝每欲見之謂張敷曰吾東巡之日當宴戴公山下也以其好音給正聲伎一部嘗爲義季鼓琴竝新聲變曲其三調游弦廣陵止

息之流皆與世異南史宋書漢世始有佛像形制未工逵特善其事顒亦參焉宋世子鑄丈六銅像於瓦官寺旣成面恨瘦工人不能治迎顒看之顒曰非面瘦乃臂胛肥耳卒年六十四無子景陽山成顒已亡矣上歎曰恨不使戴顒觀之祀鄉賢

宋

吳大有字有大寶祐間入太學升上舍居賓序以詞賦有聲率諸生上書極言賈似道誤國害民狀不報遂退居林泉與林昉仇遠白珽等六七人詩酒相娛時以比竹林七賢宋亡返剡更名嵊號松存元初辟爲國子檢閱不赴泰定間脫帖穆耳以上千戶所達魯花赤分鎮於越攝萬戶府事與大有

善大有嘗言得附葬於二戴死不恨矣及卒耳綴倖爲葬於書院之側年八十四著有雪後清音飯牛茗味歸來幽莊等若干卷松下偶抄三卷先是大有之友費九成爲信州司理秩滿赴京會大有上書亦與俱隱乾隆李志下同

元

張爚居范邨少孤立不凡以家世宋臣絕意仕進稱莘疇居士作休休吟以見志與其友宋長卿崔存朱鼎元等賦詩爲樂所著有紀蹟錄每日所行必書之以自考至老不輟裔孫憑珍其鈔請華亭徐

階平湖陸光祖山陰張元忭爲之序

許薦字伯玉居東林里弱冠爲諸生有文名而試輒不利婦翁胡某嘗覽所試詞賦謂必中選後以復韻黜胡執薦手一慟而卒薦歎曰知造物所以處我者矣因放浪江湖以詩文見志作石窗瀛洲等記飄然物外學者稱爲石窗先生自題像曰竹杖棕鞋幅巾野服意氣不仙而仙形狀不俗而俗田無五畝詩有千軸安命不憂守道自足此其所以爲石窗之福石窗爲誰姓許名薦而字伯玉

王璛字公玉居東林里操行端慤元季李公平以懷

材抱德薦授慶元路儒學教授不就明洪武初召至金陵復授前職又以母老辭時邑人許汝霖單復亨同應聘起復亨授令而璘與汝霖皆謝職歸璘善篆楷工詩文所著有玉軒集

明

胡樂字濟英居東隅受業王文成門聞文成卒哀服哭之極哀以貢授連江訓導遷海豐教諭致仕歸子掄貢大廷會以事廢有慰之者樂曰尚平婚嫁久畢意未嘗不在三島五湖尚復問後人事耶怡然不爲意人服其度年八十卒

丁彥伯字性甫與弟美祖同受業海門時稱二難由歲貢任安義知縣平易近民不事刑威性恬淡不耐簿書請改教職不報一日侯臺使於郵亭夜分不至晨起獨策騎返吏胥不知也旋乞休杜門卻埽琴書而外不問他事年八十餘卒著有蟋蟀吟

盧用義字治生居仁德鄉家貧采樵供菽水父歿廬墓終喪居恆以孝弟雍睦開示閭里人多化之三十餘補邑諸生旋食餼明亡隱居教授卒年七十三

童其鈁字敬之居遊謝鄉邑諸生放邁不羣往來四

明山尋幽覽勝得意忘返性好飲飲輒醉里中稱曰酒仙山寇起居人多奔竄其鈁放飲如故寇至輒酌酒與飲寇喜其坦率以禮遇之

趙汝諍字孝義起之子師王思位終身稟命惟謹家貧授徒自給教以歌詩習禮循循有規矩生平重然諾嚴取與重交遊隱居灌園客至則與圍棋酌酒問花聯句醻數日猶戀戀不忍別卒年七十五著有五達書

寓賢

晉

許詢字元度高陽人父畋爲會稽內史因家焉詢有才藻善屬文能清言與太原孫綽齊名隱居不仕築居於永興之西山蕭然自放一時名士無不傾慕劉惔嘗曰清風明月輒思元度後終於剡山兩浙名賢錄　道光志云舊志詢嘗築室金庭其裔孫有家金庭者考名瀋唐中葉爲著作郎曾孫丕唐末爲祕書郎五代間自金庭徙東林今金庭有濟渡邨許家廟其遺蹟也

戴逵字安道譙國人少博學好談論善屬文能鼓琴工書畫其餘巧藝靡不畢綜性不樂當世常以琴

書自娛師事術士范宣於豫章宣異之以兄女妻焉太宰武陵王晞聞其善鼓琴使人召之逵對使者破琴曰戴安道不爲王門伶人後徙居剡縣性高潔常以禮度自處深以放達爲非孝武帝時以散騎常侍國子博士累徵辭父疾不就郡縣敦逼不已乃逃於吳吳國內史王珣有別館在武邱山逵潛詣之與珣游處積旬會稽內史謝元慮逵遠遯不返乃上疏請絕其召命帝許之逵復還剡後王珣爲尚書僕射上疏復請徵爲國子祭酒加散騎常侍徵之復不至晉書下同　按舊志郄超爲逵起宅於剡之桃源鄉卒葬

於剡所著有五經大義三卷纂要一卷竹林七賢論一卷文集十卷别傳二卷

王羲之司徒導從子也年十三嘗謁周顗顗異之時重牛心炙顗先割啖羲之於是知名及長辯贍以骨鯁稱尤善隸書爲古今之冠起家秘書郎遷甯遠將軍江州刺史又爲會稽内史殷浩將北伐以書止之又與會稽王牋陳浩不宜北伐并論時事羲之雅好服食性不樂在京師初渡浙江便有終焉之志會稽有佳山水名士多居之謝安未仕時亦居焉孫綽李充許詢支遁等皆以文藝冠世並築室東土與羲之同好嘗與同志宴集於山陰之

蘭亭自為之序以申其志性愛鵞會稽有孤居姥養一鵞善鳴求市未得遂攜親友命駕就觀姥聞羲之將至烹以待羲之歎惜彌日又山陰有一道士養好鵞羲之往觀意甚悅固求市之道士云君為寫道德經當舉群相贈耳欣然寫畢籠鵞而歸嘗詣門生家見棐几滑淨因書之眞草相半又嘗在蕺山見一姥持六角扇賣之羲之書其扇各為五字姥初有愠色謂曰但言是王右軍書以求百錢人競買之他日姥又持扇來羲之笑而不答每自稱比鍾繇當抗行比張芝草猶當鴈行也曾與

人書曰張芝臨池學書池水盡黑使人耽之若是未必後之也稱病去郡於父母墓前自誓與東土人士盡山水之遊弋釣爲娛又與道士許邁共修服食採藥石不遠千里徧遊東中諸郡窮名山泛滄海歎曰我卒當以樂死年五十九卒有七子知名者五人元之凝之徽之操之獻之按周志金庭觀乃右軍故宅有書樓墨池墓亦在焉隋大業間沙門尚杲爲誌其墓永樂間張推官樹碑墓右山陰有宅稱別業郎今戒珠寺

孫綽字興公博學善屬文少與高陽許詢俱有高尚之志居於會稽游放山水十有餘年乃作遂初賦

以致其意常鄙山濤而謂人曰山濤吾所不解吏非吏隱非隱若以元禮門爲龍津則當點額暴鱗矣所居齋前種一株松恒自守護鄰人謂之曰松樹子非不楚楚可憐但恐永無棟梁日耳綽答曰楓柳雖復合抱亦何所施耶綽與詢一時名流或愛詢高邁則鄙於綽或愛綽才藻而無取於詢沙門支遁試問綽君何如許答曰高情遠致弟子早已服膺然一吟一詠許將北面矣嘗作天台山賦初成以示友人范榮期云卿試擲地當作金石聲也榮期曰恐此金石非中宮商然每至佳句輒云

應是我輩語除著作佐郎襲爵長樂侯王羲之引爲右軍長史轉永嘉太守遷散騎常侍領著作郎桓溫欲經緯中國移都洛陽朝廷畏溫莫敢先諫綽獨上疏溫不悅曰致意興公何不尋君遂初賦知人家國事耶尋轉廷尉卿領著作綽少以文才稱於時文士綽爲其冠溫王郗庾諸君之薨必須綽爲碑文然後刊石焉年五十八卒子嗣有綽風文章相亞位至中軍參軍早亡舊志綽嘗遊剡諸山歎其佳絕

阮裕字思曠以德業知名王敦命爲主簿甚被知遇裕以敦有不臣之心乃終日酣觴以酒廢職出爲

溧陽令復免官居會稽剡縣郎家拜臨海太守少時去職復除東陽太守尋徵侍郎不就還剡山有肥遯之志有以問王羲之羲之曰此公不驚寵辱雖古之沈冥何以過此又云裕骨氣不及逸少簡秀不如眞長韶潤不如仲祖思致不如殷浩而兼有諸人之美成帝崩裕赴山陵事畢便還諸人相與追之裕亦審時流必當逐已而疾去至方山不相及劉惔歎曰我入東正當泊安石渚下耳不敢復近思曠旁裕嘗以人不須廣學正應以禮讓爲先故終日靜默無所修綜而物自宗焉在剡曾有

好車借無不給有人葬母意欲借而不敢言後裕聞之乃歎曰吾有車而使人不敢借何以車爲遂命焚之在東山久之徵散騎常侍領國子祭酒俄復以爲紫金光祿大夫領瑯琊王師經年敦逼並無所就年六十二卒三子傭甯普傭早卒甯鄱陽太守普驃騎諮議參軍按郡志中興書祖軺齊國內史父顗汝南太守萬歷志子甯孫萬齡世居剡

謝敷字慶緒會稽人性澄靖寡慾入剡太平山十餘年鎮軍郗愔召爲主簿臺徵博士皆不就初月犯少微少微一名處士星占者以隱士當之譙國戴

逵有美才人或憂之俄而敷死故會稽人士以嘲吳人云吳中高士便是求死不得死乾隆志云敷嘗於剡中造風林寺崇信釋氏以長齋爲業

謝萬字萬石太傅安弟也才氣高儁早知名歷吏部中郎將豫州刺史散騎常侍嘗入剡善屬文能談論爲八賢論謂漁父屈原季主賈誼楚老龔勝孫登嵇康也剡錄

謝元字幼度少穎悟爲叔父安所器重及長有經國才畧桓溫辟爲掾轉征西將軍桓豁司馬領南郡一作郊相監北征諸軍事苻堅强盛邊境數被侵寇

朝廷求文武良將可以鎮禦北方者安乃以元應舉於是徵拜建武將軍兗州刺史領廣陵相監江北諸軍事進號冠軍加領徐州刺史以功封東興縣侯及苻堅自率兵次項城衆號百萬詔以元爲前鋒都督諸軍事與叔父征虜將軍石從弟輔國將軍炎西中郎將桓伊等距之衆凡八萬元先遣廣陵相劉牢之五千人直指洛澗堅進屯壽陽列陣臨肥水元軍不得渡堅遂麾使卻陣衆因亂不能止元與炎伊等以精銳八千渡肥水決戰堅中流矢衆奔潰自相蹈藉投水死者不可勝計肥水

爲之不流詔遣慰勞加號前將軍假節固讓不受以兗青司豫平加元都督七州軍事以勳封康樂縣公會翟遼張願叛元自以處分失所上疏送節求解所職又以疾上疏解職詔書不許前後十餘上久之乃轉受散騎常侍左將軍會稽內史輿疾之郡卒贈車騎將軍開府儀同三司謚曰獻武子瑍嗣祕書郎早卒（舊志謂三子曜宏微皆歷顯位是誤以韶孫爲元子也）子靈運嗣永和中爲劉裕世子左衛率（舊志云初元父奕爲剡令樂其山水有寓居之謀元因歸剡嶀山東北太康湖於江曲起樓樓側桐梓森鬱人號桐亭樓）

郗超字景興司空愔子也愔居會稽超少卓犖不羈

有曠世度累遷中書郎司徒長史超每聞欲高尚隱退者輒爲辦百萬資幷爲造立居宇在剡爲戴公起宅甚精整剡錄

殷融陳郡人歷太常吏部尚書仲堪其子也有才操仲堪子曠之爲剡令有父風時融病虛悸聞牀下蟻鬭謂是牛鬬嘗遊剡沃洲記

何充字次道廬江人思韻淹通有文章才情累遷會稽內史侍中揚州刺史嘗入剡晉陽秋　沃洲記

王徽之字子猷羲之之子卓犖不羈爲桓溫參軍嘗居山陰夜雪初霽月色清朗四望皓然獨酌酒咏左

思招隱詩忽憶戴逵逵時在剡郎夜乘小舟訪之經宿方至造門不前而返人問其故曰本乘興而來興盡而返何必見安道耶今艇湖郎徽之回艇處有子猷橋周志

王操之字子重羲之子徙居剡之金庭以公卿薦起家豫章太守歷侍中尚書晚年家居徜徉山水今王氏之居孝嘉鄉者皆其裔也道光李志

王洽字敬和導諸子中最知名歷散騎中書郎又加中書令嘗遊剡白居易沃洲記李府志下同

劉惔字道生沛國人識局明濟有文武才王濛稱其

思理淹通蕃屏高選嘗入剡剡錄云出宋明帝文章志及沃洲記

王坦之字文度述之子與郗超俱有重名歷散騎常侍大司馬嘗遊剡沃洲記

謝朗字長度據之子文義豔發名亞於元仕至東陽太守嘗至剡中晉陽秋沃洲記

王濛字仲祖晉陽人神氣清韶放邁不羣嘗遊剡王長史別傳

袁宏字彦伯陳郡人謝安賞其機辯疾速嘗入剡晉陽秋沃洲記

王修字敬仁晉陽人父仲祖也修明秀有美稱爲著

作佐郎琅琊王文學會入剡沃洲記

蔡系字子叔濟陽人司徒謨子有文理仕至撫軍長史嘗曰韓康伯雖無骨幹亦自膚立嘗入剡晉中興書沃洲記

南北朝

孔□之字彥深魯人也祖炎父粲□之少高尚愛墳籍爲太原王恭所稱居剡性好山水每有所遊必窮幽峻或旬日忘歸嘗遊山遇沙門法崇因留共止遂停三載法崇歎曰緬想人外三十年矣今乃傾蓋於茲及□之還不告以姓除著作佐郎太尉

參軍並不就居喪廬墓服闋與戴顒王宏之王敬宏等共爲人外之遊又申以婚姻敬宏以女適□之子尙遂以烏羊繫所乘車轅提壺爲禮至則盡歡共飲迄暮而歸或怪其如此曰固亦農夫田父之禮也會稽太守謝方明苦要之不能致使謂曰苟不入吾郡何爲入吾郭□之笑曰潛遊者不識其水巢棲者非辨其林飛沉所至何問其主終不肯往茅室蓬戶庭草蕪逕惟牀上有數帙書元嘉初復徵爲散騎侍郎乃逃於上虞縣界中家人莫知所在南史下同

謝靈運祖元晉車騎將軍靈運幼頴悟元甚異之少好學博覽羣書文章之美與顔延之爲江左第一襲封康樂公以國公例除員外散騎侍郎不就爲瑯琊王大司馬行參軍累遷祕書丞坐事免後爲相國從事中郎世子左衞率免官宋受命降公爵爲侯又爲太子左衞率少帝卽位出爲永嘉太守郡有名山水遂肆意遊遨徧歷諸縣動踰旬朔在郡一周稱疾去職靈運祖父並葬始甯并有故宅及墅遂移籍會稽修營舊業傍山帶江盡幽居之美與隱士王宏之孔山之等放蕩爲娛有終焉之

志文帝徵爲祕書監再召不起使光祿大夫范泰與書敦獎乃出尋遷侍中賞遇甚厚每文竟手自寫之文帝稱爲二寶表陳疾賜假東歸與族弟惠連東海何長瑜潁川荀雍太山羊璿之以文章賞會共爲山澤之游時人謂之四友乾隆志云嘗入剡登嶀山觀四畔放彈丸落處卽立祠宇今有謝仙君廟嶀浦釣魚臺車騎山康樂游謝二鄉皆其遺蹟也

顧歡字景怡鹽官人家世父祖並爲農夫歡獨好學年六七歲知推六甲父使田中驅雀歡因作黃雀賦而歸雀食稻過半歡貧無以受業於學舍壁後倚聽無遺忘者夕則然松節讀書或然糠自照及

長篤志不倦入剡授徒常近百人歡早孤讀書至哀哀父母輒執書慟哭學者為廢蓼莪篇晚節服食不與人通每旦出戶山鳥集其掌取食好黃老通解陰陽書為數術多效驗初以元嘉中出都寄住東府忽題柱云三十年二月二十一日因東歸後元凶弒逆是其年月日也弟子鮑靈綬門前有樹大十餘圍上有精魅歡印樹樹即枯死山陰白石邨多邪病人哀訴歡往邨中為講老子規地作獄有頃見狐狸黿鼉自入獄中即命殺之病者皆愈又有病邪者問歡歡曰家有何書答曰惟有孝

經歎曰可取仲尼居一章置病人枕邊恭敬之自差也後病者果愈人問其故答曰善禳惡正服邪此病者所以差也齊高帝輔政徵爲揚州主簿及踐阼乃至稱山谷臣進政綱一卷優詔東歸上賜麈尾素琴永明元年詔徵爲太學博士不就又注王弼易二繫學者傳之知將終賦詩言志卒於剡山時年六十四身體香軟道家謂之尸解焉還葬舊墓木連理生墓側縣令江山圖表狀武帝詔歎

諸子撰文議三十卷

褚伯玉字元璩吴郡錢塘人也高祖含始平太守父

遏征虜參軍伯玉少有隱操寡慾年十八父爲之婚婦入前門伯玉從後門出遂往剡居瀑布山性耐寒暑時人比之王仲都在山三十餘年隔絕人物王僧達爲吳郡苦禮致之伯玉不得已停郡信宿纔交數言而退甯朔將軍邱珍孫與僧達書曰聞褚先生出居貴館此子滅景雲棲不事王侯抗高木食有年載矣自非折節好賢何以致之昔文舉棲冶城安道入昌門於兹而三焉卻粒之士湌霞之人乃可暫致不宜久羈君當思遂其高步成其羽化望其還策之日暫紆清塵亦願助爲譬說

偕達答曰諸先生從白雲游舊矣古之逸人或晉

處兒女或使華陰成市而此子索然唯朋松石介

於孤峯絶嶺者積數十載近固要其來此冀慰日

夜談討芝桂借訪荔蘿若已窺煙液臨滄洲矣知

君欲見之輒當申譬宋孝建二年散騎常侍樂詢

行風俗表薦伯玉加徵聘本州議曹從事不就齊

高帝即位手詔吳會二郡以禮迎遣又辭疾上不

欲違其志勅於剡白石山立太平館居之建元元

年卒年八十六伯玉常居一樓上仍葬樓所孔珪

從其受道爲於館側立碑

孔珪南齊書作稚圭字德璋山陰人少涉學有美譽太守王僧虔見而重之引爲主簿舉秀才再遷殿中郎高帝爲驃騎取爲記室參軍與江淹對掌辭筆建武初爲平西長史南郡太守珪以魏連歲南伐百姓死傷乃上表陳通和之策帝不從徵侍中不行留本任珪風韻清疎好文詠不樂世務居宅盛營山水憑几獨酌傍無雜事門庭之內草萊不翦中有蛙鳴或問之曰欲爲陳蕃乎珪笑曰我以此當兩部鼓吹何必效蕃卒贈金紫光祿大夫剡錄云孔珪嘗入剡從褚伯玉受道

唐

吳筠字貞節華州華陰人通經誼美文辭居南陽倚天山天寶初召至京師請隸道士籍乃入嵩山依潘師正究其術元宗遣使召見與語甚悅勅待詔翰林獻元綱三篇帝嘗問道對曰深於道者無如老子五千文其餘徒喪紙札耳復問神仙冶鍊法對曰此野人事積歲月求之非人主宜留意筠每開陳皆名教世務以微言諷天子天子重之羣沙門嫉其見遇而高力士素事浮屠共短筠於帝筠亦知天下將亂懇求還山因東入會稽剡中大歷

十三年卒弟子私謚爲宗元先生始筠見惡於力

士而斥故文章深詆釋氏筠所善孔巢父李白歌

詩略相甲乙云新唐書下同

齊抗字遐舉定州義豐人李志作高陽人今據本傳及府志改正少值

天寶亂奉母隱會稽壽州刺史張鎰辟署幕府抗

忠事閑敏有文雅累官中書侍郎同中書門下平

章事贈戶部尚書謚曰成剡錄云抗昔遊越鄉閱歷山水者垂三十載初棲剡嶺後還玉笥山未二紀而登台鉉

秦系字公緒會稽人天寶末避亂剡溪北都留守薛

兼訓奏爲右衞率府倉曹參軍不就客泉州南安

有九口山大松百餘章系結廬其上穴石爲研注老子彌年不出與劉長卿善以詩相贈答權德輿曰長卿自以爲五言長城系用偏師攻之雖老益壯其後東渡秣陵年八十餘卒道光志云剡錄引秦隱君詩序云天寶間避地剡川作麗句亭郡守改其居曰秦君里唐改郡守爲州刺史此郡守不知何指李志引宋俊柳亭詩話云雲門山小石橋有麗句亭因秦系得名蘇子美送張行之還越詩五雲山下石橋邊六月溪風灑面寒今正炎天君獨往松間尋我舊題看則亭應在會稽而郡志載一在蕭山秦君里一在嵊剡中里

朱放字長通襄州人隱於剡溪嗣曹王皋鎮江西辟爲節度參謀貞元初召爲拾遺不就有詩一卷全唐

詩選傳

方干字雄飛新定人工詩賦始舉進士有司奏干缺唇不可與科名干遂遯跡鑑湖以詩自放嘗入剡有路入剡中和縣令陳永秩滿歸越及登樓等詩及卒門人私謚曰元英先生唐末宰相奏名儒不遇者十五人追賜進士出身干與焉周志

賀知章字季真越州永興人性曠夷善談說陸象先嘗謂人曰季真清談風流吾一日不見則鄙吝生矣授祕書監晚節尤誕放自號四明狂客天寶初病夢遊帝居數日寤乃請爲道士還鄉里詔賜鑑

湖剡川一曲既行帝賜詩皇太子百官餞送擢其
子僧爲會郡司馬賜緋魚使侍養卒年八十六乾
元初以雅舊贈禮部尚書新唐書
李紳字公垂亳州人有詩名貞元十八年紳爲布衣
東遊天台過剡令崔某座中有僧修眞謂曰君異
日必當鎭此爲修吾寺元和三年紳以前進士爲
故薛苹常侍招致越中眞已卧疾使人相告幸勿
忘前言太和癸丑紳以檢校左騎省廉察涖越果
符其言僧徒悉殂謝寺更頹毁因召寺僧會眞捐
錢三十萬率諸僚施俸以飾祠宇踰月工成紳有

龍宮寺紀并詩載文翰 乾隆李志

宋

竹簡字文甫十歲能文十五歲登大觀己丑進士廷試第三人徽宗奇其才尚南陽公主政和二年有流星之變簡上疏諫上嘉其忠晉太子少保出鎮浙東宣和二年以使遼功封淮甯伯後隨駕南渡卜居虞江高宗素稔其賢累詔徵之不起遂隱於剡以山水自娛卒葬焉 道光李志 按清化鄉竺氏譜亦以簡爲遷剡始祖蓋剡中竹與竺兩姓本爲一族皆簡之裔也

盧天驥字駿元政和六年以朝散郎出爲浙江提刑

使明年以捕寇來剡時積雪水漲橋斷不可行盤
桓剡中歷覽諸名勝富有題咏乾隆李志
陳槖字德應餘姚人令新昌以愷悌稱呂頤浩欲授
爲御史約先一見槖曰宰相用人乃使之呈身耶
謝不往移知台州台有五邑槖嘗攝其三民懷惠
愛喪母邦人巷哭相率走行在請起槖槖力辭終
喪累遷權刑部侍郎時秦檜方主和議槖謂金人
多詐和不可信且二聖遠狩沙漠百姓肝腦塗地
天下痛心疾首今天意既回兵勢漸集宜乘時掃
清以雪國恥否亦當按兵殿備審勢而動舍此不

爲乃遽講和何以繫中原之望檜恨之出知廣州復坐以他事降秩遂致仕在廣積年四方聘幣一不入於私室既謝事歸剡中僑寓僧寺日糴以食處之泰然也王十朋爲風土賦論近世會稽人物曰杜祁公之後有陳德應云宋史

錢奎本臨安人宣和間以祖蔭補越州司馬參軍靖康亂攜子字之居嵊之剡源璚田里乾隆李志下同

趙仕實字若虛祖宗誘爲南軍節度使開府儀同三司豫章郡王仲父嘗爲崇信軍節度使開府儀同三司安化郡王建炎中仕實攜二子南渡既到行

在以母在剡自行在來省遂居剡封開國侯

王十朋字龜齡樂清人紹興間與周汝士同遊上舍十八年汝士第進士延十朋爲義塾師遠近名士多從之遊十朋亦愛剡山水日登眺以詩文自娛作剡溪春色嵊山等賦二十七年舉進士第一汝士弟汝能與之同榜後周氏一門登第者凡七八皆出十朋之門

高文虎字炳如鄞人紹興中進士累官翰林學士文虎聞見博洽多識典故嘗修國史始寓越娶剡仁德鄉周氏慶元中入剡建玉峯堂秀堂藏書寮雪

廬於金波山明心寺之東麓卒葬其處周志下同

王銍字性之汝陰人紹興初泛舟入剡時梅雪夾岸幽香不斷稱非人間世也遂家焉友人廉宣仲聞之作子猷訪戴圖以寄銍善屬詩文不樂仕進讀書五行俱下有持所作投贄者且觀且置人疑其倨其實工拙皆不忘也既卒秦相子熺屬郡將索銍所藏書許官其子銍子仲信泣拒之曰願守此書以死不願官也郡將以禍福脅之竟不能奪按乾隆李志銍官樞密院編修忤秦檜避地剡中之靈芝鄉自號雪溪居士

邢達字宏甫先世河南鉅鹿人徙居山陰達舉進士

累官至樞密院直學士與奸黨忤歸隱入剡游太白山樂其山水遂就太平鄉家焉慈湖楊簡誌其墓

呂椇字規叔初與姪祖謙同遊楊時門漸染陶鑄氣象迥別自壽春遷嵊之鹿門朱晦翁題其居曰賁門乾隆李志　按道光志據呂氏家譜椇作大椇楊時作胡憲與此不同然譜言亦難盡信乾隆志本之周志近古不爲無徵玆仍其舊至一云以淮南安撫使致仕一云奉議大夫致仕均之未當蓋椇未聞居是職似雜其子祖璟事或是贈封闕疑可也

高似孫字續古文虎之子累官中大夫提舉建康府崇禧館贈通議大夫似孫博雅好古有父風嘉定

七年邑令史安之訪似孫作剡錄十卷而文物學
故乃備子歷字堯象累官通判溫婺等州積階朝
奉郎卒葬文虎墓右歷子彖蘭溪令周志下同

錢植字德茂武肅王九世孫由台州遷剡長樂鄉賑
貧恤弱開義塾以訓後學閭里有爭不相下者植
一言決之人稱小太郎

史仕通字國用鄞人從父必裕官金華知府秩滿經
嵊愛山水名勝因家焉恩補承務郎紹定四年知
贛縣卒乾隆李志

李易字順之江都人高宗駐蹕維揚策進士第一官

給事中解職入剡居貴門山爲詩沈鬱精詣剡中
即事吟題甚多按李志作河南人宋運革晦蹟入剡考易以建炎二年進士不得云
宋運革也今據宋詩
紀事并周志增改
高世實字若虛高辯王五世孫由蒙城避地家剡世
實受世賞累遷至訓武郎凡五任乾隆李志下同

元

戴表元字帥初奉化人宋咸口中登進士乙科教授
建康府元大德八年執政者薦之除信州教授後
以修撰博士薦不起受業四明王應麟天台舒岳
祥之門以文章大家名重東南性好山水徙嵊之

剡源其葺剡居詩云休言聲跡轉沉淪百折江湖亂後身窮未賣書留教子饑甯食粥省求人坐來席避樵蘇長往處蹤迷木石鄰翻笑古來逃世者標名先製隱衣巾亦可以想其高致矣著有剡源詩文集傳世道光志云奉化古蹟志載剡源宅在縣西七十里柏坑戴府志柏坑在剡源鄉是表元所葺之居乃奉化剡源非嵊剡源也舊志以有葺剡居詩補入寓賢傳李府志因之今姑仍其舊以存疑云

周天祥字麟之汝南人徙於杭博學有志操薦授臨海教諭元至元末隱居剡遂占籍焉

楊維禎字廉夫諸暨人爲文擬先秦兩漢詩尤號名

家至正中避兵來剡有題淸風嶺王貞婦詩道光志云

元史維禎由天台尹改錢淸鹽場司令俄丁外艱不調銓曹者十年後除杭州四務提舉尋陞江西儒學夫上洨頴兵起辟地富春山未聞其辟兵來剡也舊志云然或別有所考云

明

邵伯正汴人洪武初徙家嵊由鄉舉爲南京戶部員外郎以廉能稱尋有令江浙人不得官戶部遂謝事歸杜門好書敦族明宗纂敘圖系嵊俗爲之歸厚云兩浙名賢錄

鐳績字孟熙父瀕世家洛陽後爲越人至正間薦爲三茅書院山長不赴績少負儁才無所不學後成

名儒嘗入剡有遊貫門諸山詩子師邵亦嘗遊剡多題詠按鐔續舊志屬宋人誤今據通志及府志改正增入其父子

錢德洪字洪甫餘姚人嘉靖壬戌進士授郎中初王文成講學世無知者德洪一聞其槪郎奮然曰此絕學將興矣遂志求之得其宗旨入剡以所學授人裘仕濂錢思邦輩皆遊其門歷宣歙江廣間主講席三十年學者稱緒山先生乾隆李志下同

王畿字汝中先世由剡徙山陰故畿嘗往來剡中嘉靖壬戌舉進士授郎中文成高弟也見解超元入微不落階級隆萬間王天和周震等聚徒爲慈湖

書院講學會而談南向坐師席談說開示能令人人悚省識父經進士子應吉已卯舉人溯其上世稱剡人近且附籍焉

陶望齡字周望號石簣會稽人萬歷乙酉舊作癸酉據府志選舉志改正以第二名舉於鄉己丑會試第一廷對第二人歷官祭酒專致力於聖賢之學予告歸里每入剡與周汝登會講鹿山書院常自指膺謂此中終覺未穩汝登遺以書曰陽明書院之會望二丈儼然臨之越中一脈難令斷絕二丈謂望齡與弟奭齡也

祁彪佳字虎子山陰人天啟壬戌進士歷官江蘇巡撫嘗入嵊襄周汝登葬事崇禎丙子嵊大侵與劉宗周倡率越中縉紳議賑且陳請寬徵遣其友人王朝式來嵊募賑金之聲贈詩有此行能重金庭隱去後長留戴水舟句

張岱字宗子號陶菴山陰人家世通顯服食豪奢日聚諸名士度曲徵歌諧謔雜進及間以古事挑之則自四部七畧以至唐宋說家叢殘瑣屑之書靡不該悉明末避亂剡溪家益落意緒蒼涼語及少壯穠華自謂夢境著書十餘種悉以夢名而石匱

書紀前代事尤備

劉璃字靜主號沖倩會稽人賦性任俠慨然有四方之志時周海門許敬菴九諦九解彼此詰難不無異同璃合兩家刻之以求歸一而海門契璃特甚曰吾得沖倩而不孤矣海門主盟剡水璃助之接引後進尤推入室弟子云李志補遺下同

何宏仁字仲淵山陰人崇禎丁丑進士歷知建平高要縣事丁父艱歸遂遭亂監國時授御史江上師潰棄官之剡之白峯嶺自恨不及從亡作詩投崖絕而復甦爲土人守之不得死遂入萬山中披薙

作方外遊臨死出一緘留示家人令暴骸三日以彰己罪甯都魏禧慈溪姜宸英爲傳誌以表之道光志云府志列越殉義錄云越破追魯王不及遁關山嶺作詩書衣帶間投嶺下死或傳入陶介山爲僧往來縉雲孝烏諸山通志則云兩京殁投台之白峯下死而復甦有土人負入陶介山削髮苦行此云剡之白峯嶺又易陶介山爲萬山中不知何據姑仍之

劉汋字伯繩會稽人甲申之變父宗周殉節汋治喪畢居剡溪之秀峯終身茹蔬服素編輯遺書寒暑不輟鄉黨咸稱之會稽縣志

國朝

許宏字子遠號且樸子山陰人少慧善屬對爲帖括

不拘邊幅失有司繩度遂屢阨於試明亡絕意進取避地剡之仁郵愛溪山明秀居人樸茂遂挈家往寓有終焉之志順治戊子山寇起乃還越著有避地仁郵記及樂府數十篇傳於世乾隆李志下同

葉蓁字濟九上虞人寓嵊東隅康熙丁酉舉於鄉博通經籍兼長詩古文性好山水每提榼往遊多所吟咏遺有刪注唐詩簡括得作者之志

沈冰壺字清玉山陰歲貢生性孤峭喜博覽家貧借書披閱有所著述以一缸盛之往往爲人取去最熟勝國諸老軼事乾隆丙辰

召試博學鴻詞僑居剡之過港丁氏家著有亢言在昔集古調自彈集詩釋瑤光子等書道光李志

仙釋

漢

劉晨阮肇剡人永平十五年入天台山採藥經十有三日不得返望山頭有一樹桃取食之下山以杯取水見蕪菁葉流下甚鮮復有一杯流下中有胡麻飯屑二人相謂曰去人不遠矣因渡水行一里又過一山出大溪見二女容顏妙絶便喚劉阮姓名問郎來何晚也館服精華東西帷幔寶絡青衣進胡麻飯山羊脯甚甘美食畢行酒歌調作樂莫因止宿住十日求還苦留半年氣候和適常如三

春鳥鳴悲慘求歸甚切女喚諸仙女歌吹送之指示還路鄉邑零落驗得七代子孫傳聞祖翁有入仙不歸者太康八年失二人所在萬歷府志剡有桃源舊經曰劉阮入天台遇仙此其居也剡錄

三國

趙廣信陽城人魏末渡江入剡小白山受李法成服炁法又受師左君守元中之道內見五臟徹視法如此七八十年周旋郡國或賣藥出入人間人莫知也作九華丹丹成白日昇天今剡山有廣信丹井周志

晉

葛元字孝先丹陽句容人從左元放受九丹金液仙經常服餌求長生能絕穀連年不饑嘗入剡語弟子張恭曰吾不得治作大藥今當尸解去八月十二日日中時當發至期衣冠入室臥氣色不變弟子等燒香守之三日三夜夜半忽大風起聲響如雷燭滅良久風止然燭失元所在但見衣在而帶不解人號曰葛仙公乾隆李志下同

葛洪字稚川元從孫也性寡慾無所愛玩或尋書考義輒不遠數千里卽崎嶇涉險期於必得尤好神

仙導養法悉得元煉丹祕術亦入剡今太白山有仙翁井皇覺寺有釣臺石梯上釣車痕其遺跡也年八十一卒顏色如玉體輭柔舉尸入棺輕如空衣世以爲尸解去所著有抱樸子一百十六篇

馬朗字子明一名温公邑人信義重鄉黨聞茅山楊許得道傳南眞上清經法以其居接金庭天台咫尺仙府彌加崇慕元興三年許黃民避亂奉經入剡朗以禮延止宋元嘉六年許欲移居錢塘乃封眞經一厨付朗語此是仙靈之蹟非我自來縱有書亦勿與人朗珍𢌿之毎有靈光現室中壽終稱

茅山五代宗師保眞先生按雲笈七籤許黃民字元文上清仙公翽之子上清左卿穆之孫眞誥黃民伯祖邁姑婺娥王伯聯子榮女適輝並得度世舊志作許丞黃民且列在三國趙廣信之前未是

齊

胡聖趙廣信弟子嘗居鹿門山之南爲九州峯之別峯山勢如鸞鳳迴翔聖叠石煉丹羽化於此傳聞蟻繞其足折其腰齧半身焉今不蟻其遺跡也時值亢暘往禱輒雨里人築翔鸞館祀之道光李志

梁

孫韜一作文韜字文藏剡人入山師潘四明參受眞法陶

隱居手爲題握中祕訣門人罕能見惟傳韜與桓闓二人韜書初學楊許後學大王跡有身分有所書九錫碑及舊館壇碑在茅山太平御覽 書史會要

袁根柏碩通志作杜碩並剡人嘗獵深山經一石橋甚狹而峻向絶崖崖正赤壁立徑有山穴如門既入甚平敞草木皆香有一小屋二女子住其中年皆十五六容色甚美見二人至欣然曰早望汝來遂爲室家忽二人思歸潛去二女追還乃以一腕囊與根語曰慎勿開也歸後出行家人開其囊囊如蓮花一重去一重復至五蓋中有小青鳥飛去根還

悵然而已後根於田中耕家人餉之見在田中不動就視但有鬣如蟬蛻也廣博物志根羽化碩年九十餘方外傳之如劉阮故事於越新編

宋

姜洪見壇廟天台人父母早喪甫三歲隨其姑至剡溪清化鄉桂山之沈氏嘗入山見遺桃拾食之半味苦擲去頃之形神覺異還覓所食半桃不可得自此遂著靈異隨伴芸田獨有雲覆之或插篠地上水即湧溢明年乾道丙戌歲大旱輒能召雨六月六日卒葬於家側之黃山雷震出其尸兀立不仆

鄉人昇歸奉祀禱雨輒靈乾隆李志下同以上仙

晉

白道猷白一作帛山陰人性耽丘壑一吟一詠有濠上風永和中居剡沃洲山及五百岡有禮拜石滌巾澗遺跡後入天台建國清諸刹稱曇猷尊者嘗與道一書曰始得優遊山林之下縱觀孔釋之書適興爲詩凌風采藥服食捐痾有餘樂也

竺潛字法深隱剡山學藝淵博聞望早著晉哀帝兩遣使致之建業簡文尤師禮之劉惔見於簡文座中嘲曰道人亦遊朱門乎潛曰君自見朱門耳貧

道以爲與蓬戸無異及還山支遁求買沃洲小嶺潛曰欲來當給不聞巢由買山而隱也遁慙息一云就潛買東岇山嘉泰志　世説作因人就深公買卬山

支遁字道林入剡中謝安守吳興以書抵遁曰山縣閒靜計不減剡幸副積想王羲之在會稽聞遁名見之乃定交遁還剡路由稽山羲之詣遁延住靈嘉寺入沃洲小嶺建精舍晚移石城山棲光寺至山陰講維摩經許詢爲都講賓主之辯相尋無窮有遺馬者受之有譏之者遁曰吾愛其神駿有餉鶴者曰衝天之物甯當爲耳目之玩遂放之世説支公

好鶴住剡東峁山嘗經餘姚塢曰謝安石相從至山去會稽二百里同前此未嘗不移旬今觸情是愁耳歿葬塢中張志支遁河內林慮人本姓關氏風期高亮年二十五始釋形入道王逸少在會稽遁往焉因論莊子逍遙遊作數千言王歎服之卒葬石城山今報恩寺遁有遺跡又高逸沙門傳云年五十三終於洛陽技王詢法師墓下詩序云予以甯康二年命駕之剡石城山即法師之邱也高墳鬱爲荒楚邱隴化爲宿莽遺跡未滅而其人已遠感想平昔觸物悽懷據此則遁墓自在石城矣

于法蘭高陽人少有志操年十五精勤經典性好幽僻嘗聞江東山水剡中最奇乃東遊居剡後欲造西域求異聞至交州象林卒張志下同

于法開與支公爭名雄辯後漸遜席遂遁跡剡下會

道林在會稽講小品法開遣弟子示語攻難往返多時法開才辯縱横以術數宏教復精醫術嘗與行投宿會主人家妻臨產兒積日不墮開令殺一肥羊食十餘臠而鍼之須臾兒下羊膋裹兒出

竺法友隨其師道深自南天竺來授阿毘談論一百二十卷甫一宿成誦於剡中立般若臺寺

白僧光或曰曇光永和初投剡之石城山見一石室遂止其中處山五十三年世壽一百十歲太元之末以衣蒙頭安坐而卒神遷雖久形骸不析至宋孝建三年郭鴻任剡入山禮拜試以如意撥胸颯

然風起衣服消散惟白骨在焉以磚壘其外而泥之畫其形象於今尚存兩浙名賢錄

宋

竺法崇有律學精法華經居剡之葛峴山茅茨澗飲孔口之常游山相遇留止三載法崇歎曰緬想塵外已三十年矣今乃傾蓋於茲不知老之將至也乾隆李志下同

曇斐剡人少棄家事慧基善莊老儒墨之書遊方考究經典疑義還鄉居法華臺寺學徒甚盛衡陽孝王元簡盧江何允皆師事之張融周顒並從其遊

齊

僧護剡人永明四年住石城山隱岳寺寺北有青壁千餘丈時聞管絃聲或發光如佛餤乃鐫石爲彌勒佛纔成面像齊末僧淑來繼其功至梁有始甯縣令陸咸夢沙門二人謂曰建安王染患由於宿障剡縣僧護造彌勒石像若能成濟必獲康復咸以白王郎召定林寺僧佑因舊功鑱入五丈至天監十五年功畢像身光餤通高十丈世稱爲三生石佛云按浙江通志僧淑僧祐皆僧護後身也欲備記三生事跡故并錄於此

唐

靈澈字源澄會稽湯氏子雖受經論尤好篇章從嚴維學詩抵吳興與皎然遊皎然以書薦於包佶李紓貞元中西遊京師名振輦下得罪徙汀洲自廬山入剡吳越間諸侯多禮延之終於宣州開元寺門人遷葬建塔於越之天柱峯有詩二十卷劉禹錫爲序

宋

仲皎字如晦居剡明心寺參究禪學尤好篇章交文士構倚吟閣又於寺西星子峯前築白塔結廬以居號閑閑庵宣和中與汝陰王銍以詩相酬有梅

花賦及詩傳世張志下同

明

成權居孝節鄉坐臥繩牀數十年日誦法華經一日牀前湧蓮花大如盆人咸異之

佛進居昇平鄉日念彌陀無頃刻輟已數十年一日別大衆示滅度期人笑以爲狂頃之持鉢乞米以歸屆期衆視之危坐如常曰俟觀音大士至便逝衆益大笑曰亭午有以木刻觀音像來捨者出前所乞米設齋拜像畢遂攝衣坐衆環視之目漸合稍稍氣不息迫視之逝矣葬定心庵後

佛身居過港里童時隨父耕牧好獨坐迨爲僧究心經典字有不識則終夜長跪佛前漸自通曉與周海門爲方外交時湛然澄禪師亂震越中海門欲招之來身曰道以神契無事面承也休甯畢居士成珪結蓮社於匡廬山延身赴主席未幾卒徒法瑞迎歸葬過港之殿山

慈航强口邨農家子也浪遊楚中薙髮棲山鎭參禪言與密雲甚契後還剡居剡坑之西巖卒遂葬焉

明拙字古愚會稽人湛然澄徒也精嚴教律入剡結廬逵溪緇白向慕遂開蘭若吳孝廉顔其居曰雨

花臺勤力自給不以干八至老猶荷耡不輟年八十餘卒

智音字密聞居棠溪雅志出塵棄家薙髮受洞宗傳居華岡匡衆重建福慼寺

張仲達居秀異坊生時有丁氏子素持齋病劇謂父曰今當爲張氏伯清子矣幸囑弗敗吾戒丁子死張氏生仲達兒時母或食肉卽終日不飲乳終身未嘗茹葷

國朝

通門號牧雲常熟張澄宇子也明崇禎末開法於古

南提唱宗風識者以雲棲法彙比之嘗住持太白山秀水朱彝尊有詩送其行著有嬾齋集別集若干卷新纂

甯遠名淨地號友石吳門鹿城馬氏子也母張奉佛維謹隨母誦經津津忘倦年十八棄家爲僧慕湛然遺風乃遊越主明覺寺者九年振頹興廢後主雨錢寺時存者僅破殿三楹越數年而琳宮恢廓法像莊嚴觀者偉之事竣曳杖去示寂於康湖寺年八十有二僧臘六十有四建塔東山之梅花庵乾隆李志

僧翰月張氏子幼習舉業工吟咏年十九閱眞武傳有感棄家爲僧主普安教寺與朱梓廬司訓王滌山掌教葉芝谷茂才以詩唱酬著有詩稿一卷語錄三卷道光李志以上釋

方技

唐

葉簡邑人善卜筮鱗雜占驗輒奇中嘗在錢武肅王府忽一日旋風南來繞案而轉召簡問之曰此淮帥楊渥已薨當早遣弔使去耳王曰生辰使方去豈可便伸弔祭簡曰此必然之理速發使往彼若問故但云貴國動靜皆預知之王從而遣之生辰使先一日到楊渥已薨次日弔祭使至由是楊氏左右皆大驚服乾隆李志

元

呂孟倫號松雲居貴門里所著有松雲邱壑集精醫術子秉常號貞白善醫治傷寒有殊效詩時用以詩贈之詩見文翰志按呂氏譜秉常爲孟倫之三子父子俱以儒業醫名於時自貴門遷居羅松里舊志誤爲一人今增改

明

張遜工篆隸兼善畫禽鳥乾隆李志下同

錢濟字汝舟居邑東隅性聰慧過目成誦精篆隸書天順貢生由寶應訓導陞唐府紀善著有扶搖集

史旦居清化鄉畫禽鳥甚精所作蘆花羣雁人愛重之

錢世莊號畏齋居長樂鄉工畫驢色態如生亦善畫禽鳥周志稱其筆濃潤而有天趣

李河居西隅官知事善隸書嵊志下同

王繼儒號鷺亭山人畫禽鳥尤善蘆雁山陰徐渭贈以詩詩見文翰志

喻安憲居邑西隅善畫菜翮反有致

周孕口工詩善楷書

周鐩字伯用精岐黃術濟人不論貧富概不受資道光李志

裘師孔有文名善眞草書乾隆李志下同

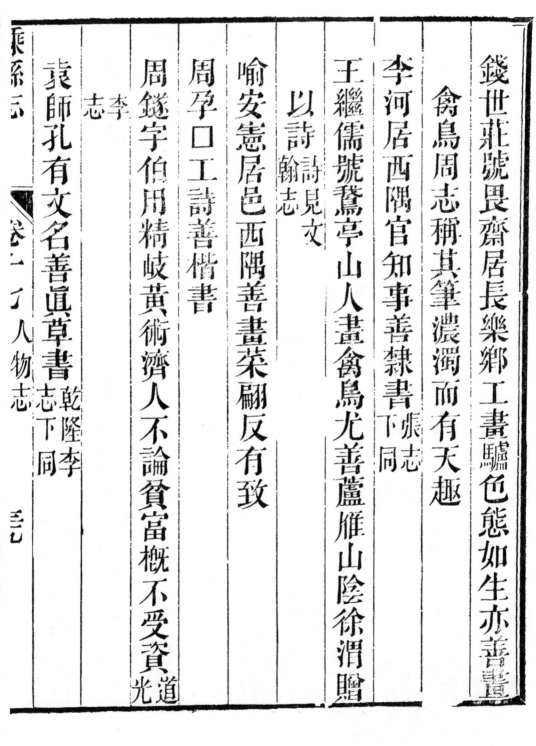

盧雲生字玉潤居邑東隅諸生力學有孝行精楷書

楊處奇居永富鄉善形家術剡西名墓多其所定

邢元愷居太平鄉嘗曰卜課多奇中

道人無名氏亦不知所自來戴華陽巾披鶴氅自言得華陀傳凡鍼藥所不能及者皆刳割湔洗以治之人未之信也長樂鄉有錢遵道者病噎不治請以醫試道人用麻沸散抹胸次割長七八寸許出痰涎數碗遵道初昏暈無所知頃之甦以膏敷割處四五日瘥噎亦愈道人不受謝去或言遵道素謹實其父有芝饒陰行云

周邦勝字凝夫善草書工詩賦射御算法精音律會稽葉應春爲撰文道光李志下同

周亮宗字好眞父龍山以醫著名宗傳其術受劉於太醫院備閲羣書術益精所療必愈稽山倪鴻寶作歌贈之

李應日居邑東隅業儒而目眇精岐黄術乾隆李志下同

錢德居富順鄉業儒以母病習醫有醫名

裘世滿居崇仁鄉精醫有隱德

國朝

陳穆卿居羅松鄉讀書通經史領府試第一方赴院

試聞父病卽不試而歸父在家居授徒博精岐黃之術製藥療病全活多人年八十餘猶無倦志人稱隱君子云

姜君獻字軼簡居清化鄉官勅樂山海都督同知工楷書善行草道光李志下同

喻恭校字宗夏居西隅善醫尤精痘術邑富室某延治妾子痘甚危嫡私以金囑曰若不治請以此爲壽校佯諾之而陰囑其妾善視子痘愈使人詰校校曰此殆天命非人力也金故無恙舉以還之

沈天鍙原籍山陰學問淹博偃蹇名場樂剡中山水

遂居焉精岐黃術遇時疫全活甚衆
宋琳字承三國學生居西隅善醫常自製藥餌以周
貧乏鄉里德之
宋希賢字天成邑庠生居西隅爽之子家貧讀書守
道工琴善書法得柳公權筆意卒年九十三
盧煒字浚明邑諸生善書法尤工大草
張鳴臯字崧雲邑諸生居東張工書法兼精岐黃好
施藥餌人咸德之
邢樹字拂雲居太平鄉郡廪生有文名工詩能畫尤
善繪蝶年三十餘卒有花卉圖考四部紫藤山館

漫稿四卷

錢日青字雨亭邑孝廉也性伉爽好吟咏嘗集蘇陸詩成帙書法出入宋四家又善蘭竹殊有生氣會修邑乘領局事書成遘疾卒士林惜之

吳子樂字德卿增生居三界善擘窠書南郡楊孝廉秘圖以善書名見樂書心折之訪其家盤桓數月惟與娛情山水間無一語及書法臨別謂樂曰公自此落筆起雲烟矣已而書法果進新纂下同

過庭訓字西溪邑諸生居金潭操行端愨工詩文善畫蘭竹尤工畫蟹時有南蘭西蟹之稱謂剡南施

南榮剡西過西溪也

馬紹光字晴川居仁邨少穎悟失怙遂棄舉子業援例授州司馬職性慷慨喜與士人遊雅善畫描寫花鳥皆有生趣晚年好作詩著有澹如山房詩稿

鄭秀字居長橋善奕時推浙中第一

吳之坤居北隅工畫宗法松雪雲林落筆俱有生趣

鄭心水箴節鄉人邑諸生工書善畫嗜古成癖每過骨董家輒留連竟日過名人書畫必多方購取之朝夕臨摹以故藝益精家枕剡溪居一室左右圖書屋旁環修竹蒔雜花十餘本客至烹茗呼酒縱

論經史甚豪然性耿介愼交遊二三知己外雖豪貴叩門勿應也體素羸多疾年三十七卒著有蓼中吟一卷